12/21

# Coco Chanel

## Du même auteur

*Les filles, on n'attend plus que vous ! Guide pratique et polémique à l'usage de celles qui s'interrogent sur leur engagement en politique*, Textuel, 1995.

En collaboration avec Régine Lemoine-Darthois :

*Elles croyaient qu'elles ne vieilliraient jamais : les filles du baby-boom ont 50 ans*, Albin Michel, 2000.
*Vieillir, eux ? Jamais ! Les hommes du baby-boom ont 50 ans*, Albin Michel, 2003.
*Un âge nommé désir : féminité et maturité*, Albin Michel, 2006.

Élisabeth Weissman

# Coco Chanel

Maren Sell Éditeurs

Collection dirigée par Guillemette de la Borie
et Bernadette Costa-Prades

© Maren Sell Éditeurs, 2007
7, rue des Canettes, 75006 Paris
ISBN : 978-2-35004-064-6

Gabrielle Chanel, photographiée par Sir Cecil Beaton,
à l'âge de cinquante-deux ans, en 1935, silhouette parfaite,
robe de dentelle signée Chanel, à l'apogée de sa beauté.

# 1

« Si vous êtes née sans ailes, ne faites rien
pour les empêcher de pousser. »

Une Rolls bleu foncé stoppe devant le 31 rue
Cambon, à deux pas de la place Vendôme. Raoul, le
chauffeur, ouvre la porte. Coco descend, royale :
« Attention, v'là la patronne ! » Guettant à la
fenêtre du troisième étage, une des arpettes des ateliers Chanel prévient ses consœurs de l'arrivée de
Mademoiselle, comme on la nomme alors. Silence
dans les rangs ! Nez sur l'ouvrage ! Au travail !
C'est qu'elle n'est pas commode « Mademoiselle » :
d'humeur changeante, dure à la tâche, aussi dure
que la vie l'a été avec elle. À trente-six ans,
Gabrielle Chanel règne déjà sur un véritable
empire, « le plus grand empire jamais construit par
une femme [1] ». Mais il ne s'est pas fait tout seul, cet

1. Marcel Haedrich, *Coco Chanel : Her Life, Her Secrets*, Boston, Little,
Brown and Company, 1971, pp. 247-248.

empire. Il y a des enfants qui naissent avec une cuiller en argent dans la bouche. Ce n'est pas son cas.

1883. Pas vraiment désirée, la petite Gabrielle. Deuxième fille d'un couple de misère. Sa mère, Jeanne Devolle, dix-neuf ans, est apprentie couturière. Son père, Albert Chanel, vingt-six ans, bonimenteur de foire. Justement, c'est jour de foire à Courpière, petite ville d'Auvergne, quand ces deux-là se rencontrent. Albert, le beau gosse, séduit Jeanne, la roule dans les foins, l'engrosse et s'enfuit. La tribu Devolle, se sentant déshonorée, part à sa recherche, le retrouve, le ramène. Le voilà, lui, le beau parleur, coureur de jupons, homme de peu de foi, don juan, pris au piège de ses entreprises de séduction. Contraint à endosser le statut de père alors que cela n'a jamais fait partie de ses projets de vie. Dans ces conditions, mieux vaut s'émanciper du giron de la belle-famille : quitter Courpière pour un autre lieu. Ce sera Saumur, décide Albert. Charmante ville du bord de Loire. On y récolte du bon vin : peut-être en fera-t-il le commerce ? Albert ne cesse de nourrir des rêves de grandeur. En attendant, il ne tient pas en place, va de foire en foire avec sa carriole, installe ses tréteaux de marchand ambulant, sans pour autant faire fructifier ses pauvres affaires. Et laisse à Jeanne le soin de faire vivre la petite famille, qui s'entasse dans une chambre humide de la rue Saint-Jean. Jeanne, éperdument amoureuse de son coureur d'Albert, attend son retour et travaille, maigre, asthmatique, s'épuisant dans d'interminables crises de toux. Elle est tour à tour repasseuse, fille de cuisine, femme de ménage, femme de chambre dans des hôtels un peu louches, se traînant avec un enfant dans les bras, un autre dans le ventre. Car à peine a-t-elle accouché de Julia, que trois mois plus tard, elle est à nouveau enceinte de Gabrielle. Albert lui fera six enfants, Julia, Gabrielle, Alphonse, Antoinette, Lucien, le dernier mourra à la naissance. Mais en ce jour du 19 août 1883, c'est Gabrielle qui pointe son nez. Jeanne qui n'a pas vingt ans se précipite à la porte de l'hospice général de Saumur, sur le point d'accoucher du deuxième enfant de ce couple improbable. Ainsi naquit Gabrielle, pauvre entre les pauvres, celle qui deviendra Coco Chanel, la grande « Mademoiselle ». Mais de la vérité de ses origines, qui auraient pu alimenter l'imagination romanesque d'un Zola ou d'un Balzac, jamais elle ne dira mot. Racontant une tout autre enfance entre des tantes riches et sévères, qui conservent dans leurs armoires de beaux draps en toile d'Issoire. S'inventant un tout autre père, par exemple lorsqu'elle dit à Truman Capote que le sien a été forgeron au Pays basque, ou encore, une autre fois, marchand de vin. Elle affirme qu'il n'a pas abandonné sa famille, mais qu'il est allé faire fortune en Amérique et projetait de revenir les chercher. De sa mère, elle fait un personnage tout aussi romancé :

elle venait d'une riche famille, racontait-elle dans un rejet complet de ses modestes origines. Bref, elle tisse une légende dans laquelle elle est la première, dit-elle, à se perdre. « Elle m'a raconté au moins trois versions de son enfance », avoue Françoise Giroud.

Le couple revient bientôt à Courpière, en Auvergne, vivre dans la famille de Jeanne. Mais pour Albert, le prix à payer est le mariage : il faut bien qu'il y consente. Et en cadeau de noces, le père d'Albert annonce que lui aussi vient d'être père d'une fille : Adrienne. Un prénom à retenir dans l'histoire de Coco Chanel, car Adrienne sera non seulement sa tante mais sa meilleure amie. Jeanne, qui ne veut pas quitter son Albert d'une semelle, persiste à le suivre malgré sa santé défaillante, grelottant à l'arrière de la carriole sur les routes enneigées du Massif central, à ses côtés sur les marchés balayés par le froid et le vent. Elle subit ses insultes, ses infidélités, sa violence. Qu'importe, c'est son homme, à n'importe quel prix. Dieu que l'amour peut faire perdre la tête ! Quand elle rentre à Courpière, c'est pour se plaindre du manque d'argent et tenter de soigner cet asthme qui l'épuise.

Gabrielle aussi adore son père, guette ses retours et, à peine a-t-elle entendu le bruit des sabots du cheval, se jette dans ses bras. Le reste du temps, elle le passe dans un cimetière peuplé d'herbes folles à enterrer quelques objets rares que lui a offerts ce père tant aimé. Elle apportait aux morts : « Des fleurs autant que je pouvais, et des fourchettes, des cuillers, tout ce que je parvenais à dérober à la maison. Pour moi, un cimetière n'était pas un endroit triste, j'aimais ce lieu, et j'y allais aussi souvent que possible. » Gabrielle, seule parmi les morts. Préfiguration de ce que sera plus tard sa vie de femme sans famille, sans enfant ? Elle semblait en tout cas cultiver un véritable engouement pour la mort.

Mais c'est à douze ans qu'elle y est pour la première fois réellement confrontée : un matin de 1895, est-ce Gabrielle qui découvre sa mère inanimée dans son lit ? Nul ne le saura, car jamais elle n'en dira mot. Toujours est-il que Jeanne meurt d'épuisement après plusieurs jours de fièvre. Elle n'avait que trente-trois ans. Albert est absent. Pas là non plus à l'enterrement, qui se déroule au cimetière de Brive devant une assistance clairsemée.

Lorsque Albert rentre enfin, le voici veuf avec cinq enfants sur les bras. Lui qui déjà n'avait pas la fibre paternelle, c'est peu dire qu'il ne va pas la développer en de telles circonstances. Alors, quelle solution ? Trop indépendant pour s'embarrasser d'une femme, une veuve par exemple, qui aurait élevé sa marmaille. Il n'a que trente-neuf ans et encore de belles années à vivre, pense-t-il. Sa famille peut-elle lui venir en aide ? Le grand-père Chanel a déjà dix-neuf enfants ! Pas de secours non plus à aller chercher du côté de la famille de Jeanne.

Albert va donc se débarrasser de ses enfants. Les deux garçons sont abandonnés à l'Assistance publique et placés à la campagne chez des cultivateurs. Les filles iront à l'orphelinat religieux d'Obazine[1], ancienne abbaye cistercienne, dans le Limousin, dirigé par la congrégation du Saint-Cœur de Marie. S'ouvre alors pour Gabrielle une blessure qui ne cicatrisera jamais.

De là sans doute lui vient cet insatiable désir de revanche et de réparation, qui explique, outre le génie qui l'habitait, sa fabuleuse réussite. Revanche sur ses origines, sa famille, sa jeunesse, volonté de dépasser souffrance et humiliations. Un cas exemplaire de résilience, diraient aujourd'hui les psychanalystes, expliquant par ce terme qu'un démarrage difficile, voire traumatisant dans la vie, peut non seulement endurcir mais donner le goût d'avancer, d'entreprendre. Un goût qui, dans le cas de Gabrielle, sera néanmoins teinté d'aigreur et d'amertume, tant la vie ne lui fera pas de cadeaux ! Alors, elle n'aura de cesse d'être en guerre, de mordre, de vouloir prouver, se dépasser, se venger de ses souffrances passées, de ne rien devoir à personne. Se noyer dans le travail, réussir et gagner de l'argent, non pas pour posséder des objets, mais pour conquérir ce bien suprême entre tous : la liberté. Chèrement acquise.

1. Obazine ainsi écrit était l'orthographe adoptée jusqu'à la fin du XIXᵉ siècle, on l'écrit aujourd'hui « Aubazine ».

Au cœur du Limousin, dans le département de la Corrèze,
Aubazine, l'abbaye cistercienne du XII<sup>e</sup> siècle,
dans laquelle Coco a grandi, aujourd'hui animée
par la Communauté du Verbe de Vie.

## 2

« Les épreuves de la vie... je sais ce que c'est,
moi-même à douze ans, on m'a tout arraché !
Et je suis morte ! »

C'est en voiture à cheval menée par son père
qu'elle arrive à Obazine en compagnie de ses
sœurs. La grande porte du couvent se referme,
les bruits des sabots s'éloignent. Gabrielle se
doute-t-elle que c'est la dernière fois qu'elle voit
son père ? « Un jour, il viendra me chercher »,
ne cessera-t-elle de répéter à ses camarades, mais
seulement quand ses affaires le lui permettront,
car Gabrielle a inventé un commerce d'export-
import de vin qui le retient en Amérique ! On
ne peut qu'imaginer et romancer ce moment de
la séparation, tant Gabrielle mettra d'acharne-
ment à ne pas se souvenir ou à réinventer ce
passé douloureux. Les registres administratifs
d'Obazine ont été perdus ou détruits : il semblerait

17

bien que les preuves de sa présence pendant ces sept années aient même été escamotées à sa demande ! Le mot « orphelinat » sera en tout cas définitivement rayé de son vocabulaire. Quand on se prend à citer le nom d'Obazine devant elle, elle répond : « Oba quoi ? » Cet évitement est sans doute à la mesure de la violence ressentie par l'arrachement qu'on lui impose.

Elle manquait déjà d'amour et d'argent. Ce n'est rien à côté de cet abandon abyssal dans lequel elle tombe, derrière ces murailles de pierre qui se referment sur elle et vont, durant sept ans, la condamner à la plus grande des solitudes affectives. Le lieu a beau être grandiose, il représente pour elle la prison. C'est là que pour la première fois elle connaît ces terribles crises de somnambulisme dont elle souffrira toute sa vie. Quelques années plus tard, évoquant les épreuves de la vie quand celle-ci vous prend un être cher, elle aura cette phrase terrible : « Je sais ce que c'est, moi-même à douze ans, on m'a tout arraché ! Et je suis morte ! »

Obazine est une haute bâtisse aux toits vernissés, qui a tout d'une forteresse. Les biographes de Coco Chanel avancent que la pureté romane de l'ensemble, la beauté de la pierre nue, les volumes de l'architecture cistercienne ne sont pas pour rien dans le goût qu'aura Gabrielle plus tard pour les lignes sans fioritures et une certaine forme de minimalisme. Elle découvre le dortoir, la prière obligatoire, la couture – pour laquelle, ironie de l'histoire, elle ne montre ni un grand intérêt ni une grande aptitude –, les punitions, les promenades dominicales où les pensionnaires emmenées par les religieuses s'en allaient admirer leur monastère des hauteurs du Coiroux. Son horreur du dimanche lui vient de ces promenades interminables. Lorsque plus tard, les hasards de sa vie amoureuse la laisseront face à elle-même en ce jour maudit, elle ne trouvera rien de mieux que le travail. N'a-t-on jamais inventé meilleure thérapie pour lutter contre toute forme de désespoir ou de malheur ? Elle découvre aussi dans le décor d'Obazine ce qui va structurer son œil et signera plus tard le style de Chanel : le noir et le blanc. Le noir des jupes à plis creux et le blanc des chemisiers des pensionnaires, le blanc des murs passés à la chaux, mais aussi le noir des voiles des religieuses. Et puis, il y a un mystérieux chiffre qui lui est inspiré par les dessins que forme la mosaïque de galets représentant la lune, le soleil, les étoiles à cinq branches, un chiffre, un seul, toujours le même et qui va jalonner sa carrière : le 5, qu'elle attribuera à son premier parfum, le 5 février 1954, jour choisi pour son retour sur la scène de la mode parisienne après son exil de quatorze ans, le 5 comme les cinq lions qui veillent sur sa tombe. Obazine est bien sa première source d'inspiration, comme le sera plus tard aussi la forme octogonale de la place Vendôme sur laquelle ouvrent les fenêtres de son appartement du Ritz, pour la ligne du bouchon du Chanel N° 5 et le cadran des montres Première, créé en 1987. Mais revenons à Obazine : a-t-elle vraiment détesté ce couvent ? Edmonde Charles-Roux, romancière, présidente de l'Académie Goncourt, qui a fort bien connu Coco Chanel et qui fut sa grande biographe, avance une hypothèse qui n'a rien d'improbable : « Si longtemps le souvenir d'Obazine fut pour Gabrielle un sujet d'aversion, il se pourrait qu'à la longue, la violence du choc s'émoussant, elle ait découvert au plus secret d'elle-même comme une insoupçonnable tendresse à l'égard du lieu et des femmes qui lui furent refuge. »

Mais Gabrielle va sur ses dix-huit ans. À l'orphelinat, l'usage veut que toute jeune fille ne se destinant pas au noviciat quitte alors Obazine. Gabrielle va donc devoir partir. Mais pour autant les religieuses ne se désintéressent pas de leurs protégées : elle est envoyée dans une autre institution religieuse, à quelques kilomètres de Moulins, justement là où est pensionnaire sa jeune tante, Adrienne, la petite dernière du grand-père Chanel. L'institution de Moulins a un recrutement plus bourgeois qu'Obazine : y vivent ensemble des jeunes filles bien nées dont les parents peuvent payer les études, et les autres, celles qu'on appelle les « nécessiteuses », dont fait bien sûr partie Gabrielle. Différente des autres, encore une fois. On imagine la rancœur qu'une telle sélection opère dans son jeune esprit en formation.

À Moulins, Gabrielle trouve en sa jeune tante plus qu'une confidente et amie : presque son double, et sa rivale en même temps. Toutes deux ont une élégance innée. Adrienne, grande et élancée, est d'une beauté plus classique que Gabrielle, à la petite silhouette fine qui rompt avec ces rondeurs de l'époque que les femmes contenaient, empaquetaient dans leur corset à lacets.

C'est en compagnie d'Adrienne qu'elle va renouer avec une partie de sa famille, lorsqu'une parente se manifeste, la tante Louise Costier, qui les invite toutes deux à passer des vacances dans son pavillon de La Varennes-sur-Allier, non loin de Moulins. L'ennui provincial pourrait étouffer les deux amies, mais non, c'est la joie d'être ensemble qu'elles goûtent, les complicités d'adolescentes, les rires étouffés. Et puis surtout, peut-être est-ce là que Gabrielle va mettre la première pierre à l'édifice de son succès : pour la première fois de sa vie elle va en effet entendre parler de « mode » ! Il se trouve que la tante Costier s'intéresse aux chapeaux ; elle achète des feutres qu'elle modèle ensuite à son goût. Pour égayer un vêtement, elle sait tirer tous les plis qu'il faut d'un pauvre petit coupon de toile, et commente le coup de fer plus ou moins appuyé ! Bref, Gabrielle entrevoit ce que peut être la « création », l'inspiration, la mode, et découvre aussi la fantaisie. Comme un avant-goût de liberté qu'elle va vraiment savourer en arrivant en ville. Pourquoi ?

À leurs vingt ans, comme elles devaient pourvoir à leurs besoins, l'institut Notre-Dame les place comme commises dans un commerce de « trousseaux et layettes ». Les voilà donc habitant le centre-ville de Moulins, même si elles doivent se contenter d'une chambre appartenant à leur patron. Le travail leur permet à toutes deux de déployer leur intelligence, leur sens du contact, de faire valoir leur singularité : elles reçoivent les bourgeoises, vendent jupons, voilettes, fourrures, boas et autres tours du cou, conseillent, font des retouches avec une telle aisance qu'on se les arrache. Toute la gent féminine de Moulins accourt, d'autant plus qu'elles jouissent de la réputation de l'institution Notre-Dame. Mais Gabrielle ne s'en laisse pas conter pour autant, elle veut mieux, et sans doute sait-elle au fond d'elle-même qu'elle vaut mieux. « Je ne veux plus rester ici », lance-t-elle à Adrienne.

Peut-être est-ce là que commence pour Gabrielle l'aventure créatrice de sa vie : désireuse de gonfler quelque peu son modeste salaire et d'aller de l'avant, elle prend des commandes sans en dire mot à ses patrons et se met à confectionner robes et jupes pour ses clientes. Elle travaille dur, comme elle le fera toujours, mais profite aussi de cette liberté qui s'ouvre à elle : elle veut sortir, voir du monde, oublier cette enfance d'humiliation !

Les voici toutes deux qui fréquentent le Grand Café de Moulins, l'endroit où il faut être vu. Évidemment, belles et singulières comme elles sont, l'une élancée au teint clair, l'autre brune et fatale avec sa chevelure noir corbeau relevée en natte autour de la tête, son regard ardent et timide à la fois, elles ne passent pas inaperçues. Et Moulins étant une ville de garnison, elles deviennent très vite la coqueluche de quelques officiers en culottes rouges et dolmans bleus à brandebourgs. Jeunes gens à particule, bonnes familles : le régiment des 10e chasseurs à cheval, parmi lesquels se recrutent leurs prétendants, est particulièrement select. Ils les invitent à la Rotonde, l'un des deux caf'-conc' de la ville. Gabrielle ne le montre pas, mais elle est éblouie. Elle voit le monde enfin, elle veut en être, non plus seulement en tant que spectatrice, mais pourquoi pas en tant qu'actrice. Et si elle se mettait à chanter elle aussi ? se dit-elle, se souvenant du plaisir qu'elle avait à chanter à la messe ou durant les promenades du temps d'Obazine, peut-être serait-ce là le moyen de sortir de cet état d'infériorité qui lui colle à la peau. Elle ne va pas coudre toute sa vie, tout de même !

La Rotonde est un « beuglant », comme on appelle alors les cafés-concerts de l'époque, où des artistes se produisent. Bien sûr, ce n'est pas le Moulin-Rouge, et elle ne sera jamais Yvette Guilbert, mais c'est déjà une étape. Le directeur, conscient du succès qu'elle a auprès de ces jeunes gens, se laisse convaincre. Elle sera « poseuse », se tenant comme figurante derrière les vedettes et se risquant à chantonner un refrain pour faire patienter les clients entre les numéros. Voilà donc Gabrielle, malgré son tout petit filet de voix, qui se met à chanter les deux ou trois chansons qu'elle connaît : *Ko Ko Ri Ko*, mais surtout : *Qui qu'a vu Coco dans l'Trocadéro ?*

« Coco ! Coco ! » dans la salle de La Rotonde, le caf'-conc' de Moulins, l'ambiance est survoltée. On l'applaudit, on la réclame. Pour un peu, Gabrielle se prendrait pour une reine du music hall ! Son public réclame un bis. Les applaudissements continuent pour qu'elle entonne cette chanson qui lui vaut tant de succès : *Qui qu'a vu Coco dans l'Trocadéro ?* C'est de cet intermède musical que lui viendra ce surnom de Coco. Un prénom qui lui collera à la peau bien malgré elle et qui, lorsqu'elle sera au faîte de sa gloire, lui rappellera cette époque minable de sa vie.

Mais sa période « cabaret » sera de courte durée. Le succès de Moulins lui paraissant bien étriqué, elle va tenter Vichy, le petit Paris des curistes. En vain. Partout où elle se présente, ce ne sont que refus, rebuffades : elle danse mal, trop raide, trop maigre, presque trop distinguée pour l'emploi, et puis ce filet de voix, si petit, si gringalet ! Elle s'obstine néanmoins. Toujours en vain. Ses économies fondent comme neige au soleil, il ne lui reste plus qu'une solution : devenir donneuse d'eau pour les curistes de Vichy. Vêtue d'un tablier blanc, elle emplit d'eau – en souriant, s'il vous plaît – les gobelets de verre des curistes, tandis que l'Harmonie municipale se produit sur la terrasse du Grand Casino. Gabrielle piétine d'impatience. Elle a la rage, la rage de vivre, d'apprendre, de bouger, de monter, de se hisser là où personne ne l'attend, mais où elle sait inconsciemment qu'elle ira. Le hasard des rencontres fait parfois bien les choses, à condition qu'on les provoque, qu'on les sollicite. C'est ce que fera toujours Gabrielle.

Gabrielle Chanel en 1917, cheveux coupés,
aux côtés de Boy Capel sur la plage de Saint-Jean-de-Luz :
un de ces moments rares passés avec le grand amour de sa vie,
lorsque ses affaires ne le retiennent pas à Londres.

## 3

« Le garçon était beau, très beau, séduisant. Il était
plus que beau, magnifique. J'admirais
sa nonchalance, ses yeux verts. Il montait de fiers
chevaux et très forts. Je tombai amoureuse de lui. »

Coco a raté sa vocation de chanteuse, va-t-elle
choisir – faute de mieux – cette autre vocation qui
à l'époque consistait pour les filles jolies mais sans
naissance à devenir des « cocottes » ou des demi-
mondaines, comme on disait alors de ces femmes
que l'on courtise, que l'on aime éventuellement
mais que l'on n'épouse pas ? Rappelons qu'à
l'époque, avant la Première Guerre mondiale, on ne
se mariait guère que dans son milieu social. Hors
du mariage, point de salut pour les femmes : leur
statut leur était conféré par l'institution du mariage
d'une part et celui de leur mari d'autre part.
   Ce ne sera pas la moindre des révolutions appor-
tées par Coco Chanel que de prouver qu'une femme

peut parvenir à s'assumer seule en travaillant, mais aussi à se faire un nom. Autrement dit, qu'une femme peut se passer d'un homme, financièrement s'entend. La mode de l'époque illustre à sa manière cette dépendance des femmes à l'égard des hommes : jupes longues, chapeaux encombrants, souliers étroits, hauts talons, la marche est à ce point entravée qu'elle rend nécessaire le soutien masculin. Elle donne aux maris le signe absolu de la soumission féminine et par voie de conséquence de leur domination. Triomphe d'une conception « naturaliste » des femmes, ces pauvres petits êtres faibles qu'il convient de protéger des agressions, et d'une division du monde qui réserve l'extérieur aux hommes, et l'intérieur aux femmes, c'est-à-dire l'intime, le privé, la maison et bien entendu les enfants.

C'est donc dans ce contexte que Gabrielle inaugure sa vie de femme. Alors, commença-t-elle son entrée dans le monde comme cocotte ? Elle a vingt-cinq ans lorsqu'elle accepte de vivre avec Étienne Balsan, fils de famille, l'un de ces riches officiers rencontrés à Moulins. Balsan vient d'acheter grâce à son héritage une belle demeure près de Compiègne pour s'adonner à sa passion, les chevaux, et y accueillir tous ses amis cavaliers et hommes de chevaux. C'est donc en joyeuse compagnie et en femme entretenue que Gabrielle va passer trois ans à Royallieu. Étienne fut-il son amant ? Elle s'en défendra, disant à la fin de sa vie qu'il ne fut pour elle qu'un bon camarade. Il est probable qu'il y eut entre eux bien plus qu'une amitié amoureuse. Toujours est-il qu'il va lui mettre le pied à l'étrier, dans tous les sens du terme. Pour lui apprendre à monter à cheval, car on ne résidait à Royallieu que pour s'adonner à l'équitation. En lui fournissant le local nécessaire à son démarrage dans la mode. « À l'étrier » de l'amour, enfin, puisque c'est chez lui qu'elle va rencontrer Arthur Capel, le premier (le seul ?) grand amour de sa vie. Celui que tout le monde appelle Boy.

À Royallieu, aux côtés de la joyeuse bande de Balsan, elle découvre un monde ignoré jusque-là : le théâtre et son ouverture d'esprit, la portée subversive du rire quand ils se déguisent tous pour tourner en dérision cette « Belle Époque » finissante. Elle savoure le luxe et l'oisiveté, traîne au lit jusqu'à midi, goûte avec volupté à tout ce qui lui a été refusé jusqu'alors. Qui pourrait croire que celle dont Balsan dit qu'« elle est la plus cossarde des femmes » deviendra ce général dur au combat des affaires, régnant au sommet de sa gloire sur plus de quatre mille employés ?

Pourtant, elle profite aussi de l'opportunité qui lui est donnée de devenir une bonne cavalière. Quelle pugnacité ne montre-t-elle pas dans l'apprentissage de ce sport ! Elle caracole par tous les

temps et au petit matin mène les chevaux à l'entraînement, fait l'admiration d'Étienne Balsan. Se souvenant de ces temps anciens, elle se plaît, alors
qu'elle a quatre-vingts ans, à énoncer les qualités
d'une bonne « assiette » à cheval avec ces mots crus
qui n'appartiennent qu'au monde équestre : « Pour
y parvenir, un moyen et un seul : s'imaginer que
l'on porte une précieuse paire de couilles ici (elle
joint le geste à la parole) et qu'il ne saurait être
question d'y prendre appui. » Déjà cette volonté
incroyable, cette combativité qui lui fait serrer les
dents – dure à la tâche, dure au mal – pour aller au
bout de ce qu'elle a décidé. Et sur le plan vestimentaire, quel sens déjà de sa singularité ! Pas question
de monter en amazone ni d'afficher le costume
idoine, la robe flottant sur les talons. Sa première
révolution vestimentaire, elle l'inaugure avec les
tenues équestres : au diable la robe amazone, elle
porte jodhpur, cravate et bandeau dans les cheveux.
Et tant pis si elle en choque plus d'un ! Mais cette
singularité sera aussi pour elle le moyen de se
démarquer des habituelles cocottes et de signaler à
qui pourrait se méprendre, qu'elle, « elle n'en est
pas » ! Elle est pourtant bel et bien traitée comme
telle. Quand elle suit Étienne aux courses par exemple, elle n'est pas admise au pesage ! Ce lieu sélectif
est exclusivement réservé aux propriétaires des chevaux et à leurs épouses.

Au bout de trois ans de ce régime d'oisiveté, d'insouciance et de dépendance avec ce que cela induit d'humiliation, Gabrielle rue dans les brancards : elle veut faire quelque chose. Étienne a une idée : « Et pourquoi pas des chapeaux ? » Ses amies ne lui en demandent-elles pas ? Émilienne d'Alençon, la célèbre actrice rencontrée à Royallieu, ne porte-t-elle pas déjà un petit canotier emprunté à Coco ? Mais où s'installer pour créer cette mode ? Étienne lui propose un local qui lui appartient à Paris, au 160 boulevard Malesherbes. Quel heureux hasard : Boy loge tout à côté ! Immédiatement, c'est le succès : les amies d'Étienne, le milieu des courses et le bouche à oreille font le reste. Reste que Gabrielle a besoin d'aide technique, car elle n'a aucune formation : on pense à Lucienne Rabaté, qui sera considérée par le tout-Paris comme la plus grande modiste du Paris des Années folles. Puis on fait appel à Antoinette, la sœur cadette de Gabrielle, devenue fort jolie, pour recevoir la clientèle. Les créations de Gabrielle n'ont rien à voir avec la mode des chapeaux encombrés de plumes, de tulle, de choux et de ruban. Au diable les chapeaux à ornementation animalière et fruitière, Gabrielle enlève, elle réduit... Ce qu'elle crée tient en ces mots : simplicité et dépouillement. Déjà sa marque de fabrique... Invitée par Pierre Desgraupes à expliquer sa mode, elle dira à ce propos : « J'enlève tout

31

ce qui est inutile et je vais en avant, la mode c'est aller en avant. »

Toujours en avant. Il faut s'agrandir, mais avec quel argent ? Emprunter, mais à qui ? Étienne Balsan refuse ; pour lui tout cela n'est pas vraiment sérieux. Une femme ne travaille pas ! Elle ne peut au mieux que « s'occuper » pour passer le temps. Il revient à l'homme de l'entretenir ! Un homme pourtant va la prendre au sérieux, c'est cet Arthur Capel, rencontré chez Étienne. Un riche Anglais aux cheveux bruns, au teint mat. Le fameux Boy. « Le garçon était beau, très beau, séduisant. Il était plus que beau, magnifique. J'admirais sa nonchalance, ses yeux verts. Il montait de fiers chevaux et très forts. Je tombai amoureuse de lui. » Il partage avec elle le même mystère à propos de sa naissance et pourrait être le fils naturel d'un Français. Mais, à la différence de Gabrielle, il est de bonne famille, a fait ses études dans les meilleurs collèges. Et il est riche. Capel lui avance donc les fonds nécessaires, ce qui fait dire à Balsan, agacé et jaloux : « Mais ma parole, tu es amoureux d'elle ! » Il faut dire que Coco les amuse tous les deux, les divertit, les intrigue ; et qu'elle soit l'objet d'une rivalité amoureuse entre les deux hommes n'est pas pour lui déplaire. « Je pus créer ma Maison parce que deux hommes se battirent pour ma petite personne », reconnaît-elle. Mais d'Arthur Capel, elle dira tout particulièrement : « Il fut pour moi mon frère, mon père, toute ma famille. »

C'est ainsi qu'à la fin de l'année 1910, elle acquiert sa première boutique dans une rue qui deviendra emblématique de la marque Chanel, la célèbre rue Cambon, à Paris, à deux pas de la place Vendôme et de l'hôtel Ritz. Elle s'installe d'abord au 21, avant de se fixer définitivement au 31, qui aujourd'hui encore est le siège de la maison Chanel. Sur la porte, une plaque : Chanel Modes. Celles qui vont la révéler ne sont autres que les artistes de la joyeuse bande de Royallieu, les amies de Balsan, la comédienne Gabrielle Dorziat par exemple, dont Chanel fera les chapeaux pour son rôle dans *Bel-Ami* de Maupassant, au théâtre. Et puis il y a la cantatrice Geneviève Vix qui fait salle comble à l'Opéra comique, pour laquelle elle va aussi créer des chapeaux. Car pour l'instant, on ne parle que de Chanel la modiste.

Gabrielle aurait tout pour être heureuse mais elle vient d'apprendre une terrible nouvelle : sa sœur Julia vient de mourir. Coco parlera d'un décès suite à une tuberculose. Il semblerait en fait qu'elle se soit suicidée. Comme toujours dans les coups durs que lui réserve la vie, elle travaille d'arrache-pied, et puis elle se console dans les bras de cet homme qui semble vraiment taillé pour elle, Arthur Capel. Sa puissance (il est à la tête d'une flotte de cargos charbonniers qui ne va cesser de se développer), son entregent (il est au mieux avec les hommes politiques, Clemenceau par exemple, et les magnats de la presse), son irrésistible accent anglais, ses yeux noirs, son prestige, sa culture si vaste qu'il peut lire aussi bien Nietzsche que Proudhon ou les Pères de l'Église, tout cela lui ouvre un univers qu'elle ne soupçonnait même pas.

L'inculture de Coco a beau être grande, sa causticité et son esprit d'à propos en ébahissent plus d'un : Boy n'hésite pas à la sortir, et la révèle ainsi à elle-même. Il la présente à ses amis artistes, comme la chanteuse Marthe Davelli, qui deviendra presque son sosie. Elle se dit qu'il est doux d'aimer et d'être aimée. Elle a vingt-huit ans, elle est belle, débordante de vie. Boy est à ses côtés, l'encourage dans toutes ses entreprises, même les plus folles. La voici qui après avoir goûté au chant – avec le succès qu'on connaît ! – se risque à la danse. Elle fréquente Isadora Duncan, qui vit en phalanstère, reçoit nue sous un péplum et danse avec les mains du peintre Van Dongen sur ses fesses. Mais Gabrielle est prude. « C'est une muse de sous-préfecture », lance-t-elle. Alors elle va fréquenter un autre cours de danse, sur les hauteurs de la butte Montmartre : celui d'Élise Jouhandeau, qui n'est autre que la maîtresse du comédien et homme de théâtre Charles Dullin. Mais Gabrielle n'est décidément pas douée. C'est un regret pour elle que cette vocation d'artiste manquée. Sans doute faut-il chercher dans cette nostalgie une des raisons pour lesquelles, plus tard, elle aidera si efficacement ceux dont le talent est éclatant.

Pour vivre leur passion, il fallait à Boy et Gabrielle un lieu à la mesure de leur démesure : c'est un magnifique appartement que loue Capel sur une avenue qui porte un nom très évocateur, l'avenue Gabriel, à deux pas de l'Élysée. Le décor est luxueux : c'est là qu'apparaissent pour la première fois ces fameux paravents de Coromandel, en laque de Chine, dont Coco ne se séparera jamais. Elle en aura trente-deux en tout, qu'elle découpe pour pouvoir en tapisser ses murs, comme on le fait avec du papier peint. Ce qu'elle aime par-dessus tout, c'est se préparer le soir pour accueillir son Boy, comme s'ils s'apprêtaient à sortir. Mais en fait, c'est pour lui qu'elle met un tel soin dans son apparence. Elle aime cette intimité sans même la lune pour témoin. J'étais en ce temps-là comme « une fille de harem », dira-t-elle.

Boy est plus que son amant, son Pygmalion. Il croit en elle. C'est lui qui va lui donner l'idée de s'installer à Deauville, la station balnéaire à la mode. Nous sommes en 1913, on y dépense de l'argent, les femmes s'y montrent, elle y sera plus en vue, pense-t-il. Il pense juste.

Du chapeau, Gabrielle passe tout naturellement aux vêtements, des vêtements taillés pour elle, qu'elle a créés pour elle et qui vont faire mouche. Comme toujours elle trouvera son inspiration dans le monde qui l'entoure, qu'elle respire, qu'elle observe. Une casaque de jockey, le sweater d'un lad, la marinière d'un pêcheur normand. Elle ose aussi se baigner en costume bleu éponge. Quelle audace quand on sait qu'à l'époque, comme le soulignait Paul Morand, les femmes « entraient dans l'eau avec des bas ou un chapeau à brides » ! Sa singularité fascine et attire : son commerce devient de plus en plus florissant. Elle fait tourner la boutique avec pour tout personnel deux aides de seize ans qui savent à peine coudre, sa sœur Antoinette et sa si jolie tante Adrienne, qui font office de mannequins. En déambulant sur les planches avec des tenues chaque jour différentes, elles font immanquablement parler d'elles, et grossir la clientèle de Gabrielle. Un style est né, avec la marinière qui devient le vêtement de prédilection des élégantes et que le caricaturiste Sem consacre sans le vouloir, en croquant « le vrai chic » sous les traits de « La dame au lévrier »... habillée par Chanel. Ce sont autant les créations de Chanel que sa personnalité qui attirent les clientes.

Mais dans les chancelleries européennes, les rumeurs de guerre grandissent. Le 3 août 1914, la guerre est déclarée. Faut-il fermer boutique ? « Non, non, ne ferme surtout pas, lui dit Boy, attends et vois. » Il ne croyait pas si bien dire : était-il devin ou à ce point stratège qu'il se doutait que la bourgeoisie, qui possède de magnifiques villas en bord de mer, se replierait sur les côtes normandes pour attendre la fin des hostilités ? Comme l'écrit Edmonde Charles-Roux : « La France assistait à une nouvelle répartition des populations : au front ceux qui souffraient, à Paris ceux qui parlaient, à Deauville ceux qui attendaient, à Biarritz ceux qui profitaient. » C'est en effet l'exode vers Deauville. Le beau monde, les élégantes affluent. « Il fallait non seulement les coiffer, mais les habiller », dit Coco. Alors que l'armée ennemie n'est plus qu'à trente kilomètres de la capitale, Paris se vide, Deauville se remplit, Chanel ne sait plus où faire asseoir ses clientes.

Pour elles, elle va créer une mode simple, sans fioritures, une mode de guerre en quelque sorte, puisqu'elle va jusqu'à confectionner les blouses d'infirmière des bénévoles recrutées pour soigner les blessés de cette guerre qui commence à être furieusement ravageuse. Les malheurs de son pays contribuent à l'épanouissement de son entreprise. Sa première boutique, une affaire strictement familiale, ne va cesser de prendre de l'ampleur. Au commerce de Paris et à celui de Deauville, va venir s'ajouter un troisième : Biarritz.

Chanel au bain. Si chaste et pourtant révolutionnaire :
le maillot de bain voit le jour en 1914 à la faveur de
l'imagination créatrice et audacieuse de Coco,
qui, pour l'occasion, joue les mannequins.

# 4

« J'ai rendu au corps des femmes sa liberté. Ce corps
suait dans des habits de parade, sous les dentelles,
les corsets, les dessous, le rembourrage. »


Tandis que la guerre fait rage sur le front de
l'Est, mutilant, blessant, tuant, Coco et Boy s'eni-
vrent de luxe et de musique à Biarritz. C'est là, dans
cette ville brillante du Sud-Ouest, que vient au
couple l'idée d'une nouvelle implantation. Boy va,
comme à Deauville, lui apporter les fonds nécessaires. Le théâtre de la guerre est loin, les élégantes
viennent d'Espagne et Coco a décidé que ses robes
se vendraient cher, « sans quoi, explique-t-elle à
Boy, on ne me prendrait pas au sérieux » !
Et puis au nom de quoi s'interdirait-elle de
prendre l'argent là où il est ? Les riches se disaient
disposés à acheter n'importe quoi, ce qui en temps
de guerre ne signifiait rien d'autre que « le luxe ».
Coco s'installe donc dans une villa située face au

casino. Aussitôt, les commandes affluent, venant de la cour d'Espagne, de Madrid, de Bilbao. Elle confie les rênes à sa sœur Antoinette et revient à Paris pour tenir la baguette de chef d'orchestre. Quand on a le sens des affaires, on sait s'adapter aux circonstances : les bombardements par exemple. Le front a beau être à plus de cent kilomètres de Paris, la capitale est un jour atteinte par les obus tirés par la grosse Bertha, ce canon ravageur, et par les « gothas », des bimoteurs qui le soir sillonnent le ciel et pilonnent les immeubles. Alors, Coco pense à ces élégantes qui fuient dans les abris et crée pour elles des pyjamas spéciaux en satin blanc ou bordeaux. Ainsi – comble du ridicule et du cynisme – elles pourront être belles en toutes circonstances, même sous les bombes !

L'adaptation de la mode à ces temps de guerre ne s'arrête pas là ! Les clientes de Coco n'ayant plus de chauffeurs à leur disposition (ils sont tous mobilisés) se voient – horreur – contraintes de faire leurs courses à pied, même sous la pluie ! Là encore elle va leur venir en aide en inventant de grands manteaux caoutchoutés, très largement inspirés de ceux, précisément, des chauffeurs. C'est un succès absolu. Mais à côté des riches oisives contraintes à la marche à pied, elle pense aussi aux riches actives obligées de se mettre au travail du fait de l'absence des hommes. Les femmes, les filles, les sœurs qui prennent leurs affaires en main, pour faire tourner les entreprises familiales. Le vêtement doit suivre le mouvement, donner toute liberté aux femmes de se mouvoir, bref, de travailler. Et de s'habiller toutes seules : plus besoin de domestiques pour lacer les robes !

Coco raccourcit donc les jupes, supprime le corset – ah, ces corsets qui faisaient dire au poète Jean Cocteau que déshabiller les femmes à cette époque relevait quasiment d'une « entreprise de déménagement » –, bref elle désentrave le corps des femmes. Et fait de sa mode un accompagnateur, sinon un instrument de libération du corps féminin. « J'ai rendu au corps des femmes sa liberté, expliquera-t-elle. Ce corps suait dans des habits de parade, sous les dentelles, les corsets, les dessous, le rembourrage. » La mode aussi, sous l'impulsion de Chanel, changeait de siècle. Et toujours ce sens incroyable de l'adaptation : comme l'étoffe se fait rare, elle découvre le jersey, jusque-là destiné aux sous-vêtements. « Ça poche, ça godaille, les femmes n'en voudront pas », lance le fabricant Rodier qui prend Coco pour une folle. Mais Coco persiste, croyant en son instinct, prouvant par sa pugnacité qu'il faut dans certaines circonstances savoir avoir raison contre tous ! Et puis l'extrême simplicité de ses vêtements les rend particulièrement rentables : quand son grand concurrent Paul Poiret a besoin pour un pantalon de dix mètres de matériel, Chanel n'en utilise qu'un, mais pratique les prix de Poiret. Toujours est-il qu'entre ses trois boutiques, la voici à la tête d'une entreprise de trois cents ouvrières, qu'elle dirige en monarque absolu, déplaçant ses ateliers au gré des besoins, à Biarritz par exemple, puisqu'elle doit honorer des commandes pour la cour d'Espagne.

Son personnel la découvre telle qu'elle sera toute sa vie : dure, agressive, autoritaire, d'humeur changeante, presque caractérielle. Ses affaires sont si florissantes qu'elle est même en mesure de rembourser Boy. Et elle y tient, pour affirmer son indépendance financière. Ne rien devoir à personne, telle est sa devise. « Ne pas monter bien haut peut-être, mais tout seul », disait Cyrano de Bergerac. La formule pourrait s'appliquer à Coco, à cette nuance près que Coco, elle, compte bien monter très haut ! Quelle ne fut pas sa colère lorsque Balsan, découvrant qu'elle s'était réellement mise à travailler pour gagner de l'argent, lui lance à la figure : « Alors il paraît que tu travailles, Capel ne peut donc pas t'entretenir ? » Coco fulmine lorsqu'elle entend de tels propos. C'est qu'ils ne la connaissent pas si bien que cela, ceux qui parlent ainsi d'elle : « Ils me croyaient un pauvre moineau abandonné. En réalité, j'étais un fauve, j'apprenais peu à peu la vie, je veux dire, à me défendre contre elle. »

Mais si ses affaires marchent, le cœur, lui, est à la traîne. Une ombre au tableau de sa vie et surtout de son avenir : Coco a désormais l'intime conviction que Boy, qu'elle avait cru pouvoir être l'homme de sa vie, ne l'épousera pas. On lui prête des aventures à Paris, on le voit déjeuner en compagnie de jeunes filles de la haute société. Elle sait que son origine sociale, bien qu'elle n'en dise rien, lui colle à la peau, transpire malgré elle. Or Boy a trop d'ambition pour risquer une mésalliance. C'est à cette époque qu'elle décide ce geste de dépit, de vengeance, de provocation, mais aussi de rupture avec un modèle de femme qu'elle juge dépassé : elle coupe ses cheveux, magnifique chevelure noire qui lui descendait jusqu'aux hanches et qu'elle relevait en nattes autour de la tête. Boy adorait la voir libérer cette chevelure tombant en cascade sur ses épaules. Quoi de plus féminin, quoi de plus érotique en effet que des cheveux lâchés dans lesquels la main de l'homme peut se perdre ? Mais Boy n'est pas là, Boy est appelé à Londres, à d'autres affaires. Alors elle le punit. Elle coupe ses cheveux. Capel l'aime, sûrement, mais il fait passer son ambition conquérante avant l'amour. Et ce que craignait Coco arrive : il va en épouser une autre, une jeune veuve, fille d'un lord, Diana Lister, qui va le faire entrer dans la gentry. Mais comment avouer sa forfaiture à Gabrielle ? Que d'atermoiements avant d'annoncer la nouvelle : un jour il décide de se lancer, puis il remet au lendemain, enfin le jour J il bafouille, cherche ses mots, ne les trouve pas. C'est elle qui dit la chose à sa place. Parce qu'elle savait déjà sans savoir. Elle écoute sans une larme, avec sa dignité pour tout secours. Mais quelle souffrance, quel chagrin ! Double chagrin. D'abord de le perdre, mais aussi d'avoir été écartée pour une autre. Sera-t-elle éternellement condamnée au rôle d'amante secrète, de marginale, d'« irrégulière », comme la qualifia si justement Edmonde Charles-Roux ?

Toujours est-il qu'à peine marié, Boy songe à refaire de Coco sa maîtresse. Il l'a dans la peau et se prend à regretter sa vie de garçon auprès d'elle. Gabrielle non plus ne veut pas le perdre. Comment vivre sans la surprise presque quotidienne de ses visites ? Exit l'appartement de l'avenue Gabriel, qu'il avait loué pour leur couple. Boy fait comprendre à Gabrielle qu'il leur faut un lieu pour s'aimer désormais clandestinement. Elle s'exécute et loue une grande maison, La Milanaise, à Saint-Cucufa, à proximité de Paris. Lui a tout : la façade sociale avec sa femme, l'amour avec Gabrielle. Mais pour elle, quelle solitude ! La rancune monte, elle prend amant sur amant, des riches, des célèbres, des beaux. Par vengeance, par dépit, par provocation. Elle fuit dans la consommation des hommes, comme on le fait avec la drogue. Elle croit oublier son malheur, alors qu'elle ne fait que l'exacerber. On lui prête une aventure avec le dramaturge Henry Bernstein. Elle restera d'ailleurs en si bons termes avec lui et sa femme Antoinette qu'elle lui offrira une grosse somme d'argent pour lui permettre d'acheter le théâtre du Gymnase.

Mais tandis que la tristesse emplit son cœur, la joie envahit le pays : c'est l'armistice du 11 novembre 1918. Ironie du sort, alors que la guerre fit marcher ses affaires, la victoire lui sera encore plus favorable. C'est alors que, délaissant le 21 rue Cambon, elle s'installe au 31, qui deviendra le sanctuaire de la maison. Car la fin de la guerre inaugure une nouvelle ère, « les Années folles », incarnation de la femme modelée, habillée, stylisée par Coco Chanel. Une nouvelle ère aussi pour elle, celle de la perte définitive de Capel.

1924. Le soir de la générale du *Train bleu* de Diaghilev,
pour lequel Chanel réalisa les costumes. Cocteau,
qui en a écrit le livret, est au centre, entouré des danseurs.

# 5

« Cette femme qui pleurait, les yeux secs. »

22 décembre 1919, quatre heures du matin. Une voiture s'arrête, faisant crisser le gravier devant La Milanaise, la résidence de Coco. Un homme de grande taille monte quatre à quatre les marches, sonne. C'est Léon de Laborde, de l'ancien clan de Royallieu, où Coco avait rencontré Capel. Joseph, le maître d'hôtel, ouvre : « Le capitaine Capel, tué dans un accident de voiture... » Joseph, en un quart de seconde, entrevoit l'horreur d'une telle nouvelle pour Gabrielle et veut gagner un peu de temps : « Laissons-la dormir, attendons demain. » Mais Laborde insiste. C'est alors qu'elle descend en pyjama, cheveux courts, telle « une silhouette d'adolescent, un jeune homme vêtu de satin blanc », dira plus tard Léon de Laborde. Pas une larme sur son visage, mais une expression qui dit toute la détresse du monde. Laborde essaye de la

préparer petit à petit à la terrible nouvelle, crescendo, mais Joseph l'interrompt : « Ce n'est pas la peine, monsieur, Mademoiselle a compris. » Bien sûr qu'elle a compris. Elle est mutique, ses yeux ne quittent pas Laborde, « elle pleurait les yeux secs », dira-t-il. Puis se lève, va préparer quelques effets : « Partons. » Elle veut que Laborde l'emmène sur les lieux du drame, le voir une dernière fois.

Boy était parti avec son chauffeur rejoindre, sur la côte d'Azur, sa femme Diana qui était enceinte de leur deuxième enfant. Presque au même moment, Gabrielle avait perdu cet enfant de Boy qu'elle aurait tant voulu lui donner. Elle avait fait une fausse couche peu de temps auparavant, sans doute à cause des séquelles d'un avortement sauvage pratiqué à Moulins du temps de ses errances... On ne sait pas au juste les raisons de ce voyage de Boy à Cannes : était-ce le signe définitif de sa rupture avec Gabrielle, pour laquelle il continuait à avoir pourtant une folle passion, ou partait-il au contraire à la recherche d'une maison, dans la douceur du climat méditerranéen, pour y séjourner avec Gabrielle ? On le disait séparé de sa femme, qui l'ennuyait, après avoir assuré sa descendance. Ce qu'on sait en revanche, c'est la douleur dans laquelle sa mort plongea Gabrielle.

Le sort s'acharne décidément sur elle : arrivée sur les lieux après dix-huit heures de voyage, c'est pour apprendre que la mise en bière a déjà eu lieu et qu'elle ne pourra pas le voir une dernière fois. Bertha, la sœur de Capel, les accueille. Gabrielle ne dit mot, refuse son hospitalité, passe la nuit prostrée dans une chaise longue, gardant son sac contre elle, comme pétrifiée. Elle demande qu'on la mène sur les lieux de l'accident, voit la voiture à demi brûlée, en fait le tour, pose les mains dessus puis s'assoit sur une borne et, tournant le dos à la route, se met à pleurer, pleurer, pleurer, atrocement, longuement, durant des heures. Elle pleurait le seul homme qu'elle ait jamais aimé.

De retour à La Milanaise, elle se cloître dans le noir : tentures, rideaux, draps. Gabrielle ne fait jamais les choses à moitié, même sa douleur, elle la veut vivre jusqu'à l'extrême. Mais plus question de demeurer dans un lieu qui rappelle en permanence la présence de l'homme tant aimé : elle doit rompre avec ce passé. Alors elle jette son dévolu sur une nouvelle villa, Bel Respiro à Garches. La première chose qu'elle fait, au grand étonnement du voisinage, est de repeindre les volets en noir. « Cette mort fut pour moi un coup terrible, je perdais tout en perdant Capel », dira-t-elle bien plus tard.

Elle a trente-sept ans. Et se serait enfoncée dans la dépression si une femme n'était venue la prendre par le bras, l'arrachant à la vie de recluse qu'elle mène désormais. Cette femme, c'est Misia Godebska, une Polonaise. Gabrielle est lucide : elle sait que celle qui deviendra son amie a en elle une forme de perversité. Un comportement humain qui consiste à aimer d'autant plus les gens qu'ils sont dans le malheur. « Elle est généreuse à condition qu'on souffre, elle est prête à tout donner, à tout donner pour qu'on souffre encore », disait d'elle Gabrielle. Qui est vraiment cette Misia ? Fille d'un sculpteur polonais, elle épouse le peintre José Maria Sert en 1920 et devient la muse du tout-Paris. Brillante pianiste, elle fut l'élève de Gabriel Fauré, mais elle sert aussi de modèle pour les peintres : Toulouse-Lautrec, Renoir, Vuillard, Bonnard. Fée protectrice des Ballets russes, elle est la confidente de Diaghilev qui s'éteindra, diabétique, dans ses bras à Venise. Elle reçoit chez elle, rue de Rivoli, des danseurs tels que Nijinski, le compositeur Stravinski, dont elle déchiffre les partitions au piano ; elle révèle Ravel mais aussi Pierre Reverdy, le poète qui deviendra l'amant de Coco, ainsi que les écrivains Max Jacob et Marcel Proust, qui la croquera sous les traits de Madame Verdurin. C'est elle qui introduira Coco Chanel dans le cercle des artistes et donnera incontestablement une nouvelle dimension à sa vie.

Coco a rencontré Misia en 1917 au moment où Capel commençait à s'éloigner d'elle, mais où elle commence aussi – comme le consigne Paul Morand dans son journal – à devenir un personnage. Misia est subjuguée, elle pressent le rôle que Gabrielle va être appelée à jouer et l'assimile à un diamant brut qu'elle se flatte d'avoir su déceler et révéler au grand jour. Gabrielle sera la première à le reconnaître non sans une pointe d'ironie : « Sans Misia, je serais morte idiote. » C'est Misia qui lui fait rencontrer ce que Paris compte de plus culturellement avant-gardiste, le danseur Serge Lifar, les compositeurs Stravinski, Ravel, Satie, Milhaud, Poulenc, mais aussi les peintres, artistes et hommes de lettres Jean Cocteau, Pablo Picasso, Salvador Dalì, Max Jacob, Pierre Reverdy. Certains habitent le fameux « Bateau-Lavoir », sorte de capharnaüm, siège d'une révolution artistique qui a pour nom le « cubisme ». On ne pouvait imaginer pour Coco, inculte, meilleure intronisation au monde et au mystère de la création. Mais pour le couple Misia et José Maria Sert, qui vient de convoler après douze ans de vie commune, il convient d'abord de sortir Gabrielle de sa réclusion mortifère dans la chambre tendue de noir, en la persuadant de partager leur voyage de noces en Italie.

Voilà donc le trio parti sur les routes italiennes, menant grande vie et découverte culturelle sous la houlette de José Maria, particulièrement érudit en matière de peinture italienne. Ils rencontrent Diaghilev qui se débat pour monter son fameux *Sacre du printemps*. Où trouver l'argent ? La question résonne aux oreilles de Coco. Elle ne dit mot mais, une fois rentrée à Paris, prend cette décision lourde de sens : aider les artistes, sans le faire savoir. C'est en effet la condition qu'elle pose à Diaghilev lorsqu'elle lui apporte un chèque de trois cent mille francs (l'équivalent de presque un milliard d'euros) : ne le dire à personne. Diaghilev ne tiendra pas sa promesse et révélera le nom de sa généreuse donatrice à son secrétaire.

*Le Sacre du printemps* provoquera d'ailleurs un vrai scandale, tant il met en pièces les règles conventionnelles de la danse. Reste à comprendre le geste de Gabrielle qui inaugure ainsi sa carrière de mécène. Car après Diaghilev, il y aura Stravinski qu'elle va accueillir dans sa propriété de Garches Bel Respiro avec sa femme et ses quatre enfants durant deux ans, et à qui elle versera une pension durant onze ans. Stravinski tombera d'ailleurs follement amoureux d'elle, mais sans réciproque. Il y aura aussi Reverdy qu'elle aidera, Cocteau à qui elle financera de nombreuses cures de désintoxication et dont elle paiera le loyer lorsqu'il s'installera avec Jean Marais dans un grand appartement place de la Madeleine. Et puis il y aura toutes ces additions qu'elle réglera pour lui et ses amis durant les années du Bœuf sur le toit, la boîte à la mode, sans jamais en faire état... Alors comment l'expliquer ? Une manière sans doute de s'auto-décerner un rôle de bienfaitrice des arts, mais aussi d'affirmer sa suprématie sur le monde en général, et sur son amie et néanmoins rivale

Misia, en particulier. Cette reconnaissance que la haute société lui contestait, elle se l'octroyait en cachette grâce aux artistes. Son mécénat lui donnait une autre dimension que celle de couturière, fût-elle la plus grande de son temps.

Avec la fin de la Première Guerre mondiale, c'est une nouvelle société qui va surgir des décombres. La révolution d'octobre 1917 en Russie a chassé quantité d'aristocrates sur les traces de leur splendeur passée : les côtes française, basque et méditerranéenne. Parmi ces aristocrates, il en est un qui va bouleverser la vie sentimentale de Gabrielle, et par voie de conséquence influencer sa créativité : le grand duc Dimitri Pavlovitch, rien moins que neveu du tsar. Goût de luxe mais sans le sou. À tel point que sa maîtresse de l'époque, Marthe Davelli, chanteuse à l'Opéra comique, glisse à l'oreille de Coco qu'elle rencontre avec Misia dans une boîte de nuit de Biarritz : « Si tu le veux, je te le laisse ! Il est un peu cher pour moi ! » Il faut dire en effet que fréquenter un homme qui aime par-dessus tout faire la tournée des grands ducs, restaurants et boîtes les plus chics, alors qu'il n'a pas le moindre sou, est pour le moins onéreux. Mais qu'à cela ne tienne, Coco ne s'attache pas à ce genre de détail. Ses affaires déjà florissantes lui permettent toute liberté, d'autant plus qu'elle n'est pas insensible à l'allure grandiose de Dimitri, fort bel homme, de

grande taille, aux yeux verts et à la destinée romanesque. N'a-t-il pas participé à l'assassinat de Ras-
poutine, ce moine illuminé ? De huit ans son cadet,
avec son veston élimé, il l'émeut, et devient son
amant. Un an de romance, d'éclats de rire et de fête
qui l'aident à surmonter son chagrin.

Double chagrin, car elle vient aussi de perdre sa
sœur Antoinette. Les conditions de sa mort sont
mystérieuses. Partie suivre son mari au Canada, il
semblerait qu'elle n'ait pas supporté la triste réalité
de son mariage, ait suivi en Argentine un amant de
rencontre, et se soit finalement suicidée. Reste que
Dimitri va influencer le cours de ses affaires profes-
sionnelles. D'abord en faisant entrer comme
mannequins dans son entreprise des femmes de la
haute société russe qui, ayant tout perdu dans la
révolution bolchevique, découvrent la nécessité de
travailler. Mais aussi en puisant dans la tradition
vestimentaire russe. Gabrielle trouve toujours une
forme d'inspiration dans la garde-robe et l'environ-
nement culturel et quotidien de ses amants : il y eut
Balsan et le monde des courses, lui donnant l'idée
de son fameux cuir matelassé emprunté aux vestes
de lad, il y eut Capel et la mode anglaise, lui inspi-
rant chandails, tweed et jersey, et voici arrivant
maintenant sur la scène de la rue Cambon, Dimitri
et ses influences folkloriques slaves. On voit alors
fleurir dans les collections Chanel des blouses de

moujik, des fourrures et des pelisses, mais aussi des ornementations à base de broderies, de paillettes colorées qui rehaussent robes de crêpe et manteaux à dominante noire. La nouveauté n'échappe pas au magazine *Vogue*, qui écrit : « Nul mieux que Chanel ne sait orner ses modèles de broderies originales. »

La rue Cambon résonne des sonorités de la langue de Dostoïevski mais une autre révolution se prépare : Gabrielle s'intéresse de plus en plus aux parfums. En 1920, le fameux N° 5 est sur la rampe de lancement. Misia l'y pousse et Dimitri l'y aide. C'est vraisemblablement au cours d'une escapade amoureuse dans le Midi que Dimitri lui présente Ernest Beaux, né à Moscou mais français, dont le père a travaillé pour le tsar. Il se trouve que Beaux travaille à Grasse comme chimiste en parfums. Un accord de collaboration est passé entre eux deux, Ernest Beaux va soumettre à Gabrielle tout au long de l'année 1921 des fragrances subtiles obtenues par combinaison d'au moins quatre-vingts ingrédients, parmi lesquels des roses de mai, du jasmin et une forte proportion d'aldéhydes (alcool déshydrogéné). À quelques mois d'intervalle, elle crée et lance les parfums N° 5 puis N° 22 (en 1922). N° 5, dont on connaît le triomphe quasi planétaire, qui sera immortalisé outre-Atlantique par la fameuse boutade de Marilyn. « Que portez vous la nuit ? – Quelques gouttes de N° 5 », répond la star.

L'irruption du Chanel N° 5 dans le champ du parfum provoque une véritable déflagration : tout est révolutionnaire. Le nom, le flacon ! Non seulement la senteur est encore inconnue jusque-là mais l'appellation et la présentation rompent totalement par leur sobriété avec les usages de l'époque : le Chanel N° 5 s'oppose aux « Nuits de Chine » ou « Lucrèce Borgia » de Paul Poiret ou autres « Désir princier », « Ivresse d'un soir » ou encore « Cœur de Jeannette » en circulation. Quant au flaconnage, il rompt, par sa forme parallélépipédique, avec les ornements habituels de l'Art nouveau et reflète parfaitement l'influence Art déco de l'époque : lignes simples, formes droites, inspirées par la peinture cubiste et l'architecture aux structures octogonales. Le cubisme né avec Paul Cézanne et qui se constitue autour de Braque et de Pablo Picasso cherche en effet une radicalité des formes. Il n'en demeure pas moins qu'Ernest Beaux dit son étonnement devant tant d'audace. « Mais ça ne s'est jamais fait », s'exclame-t-il. « Justement, réplique Coco, qui décidément se fie à son sens de la nouveauté. Ça le distinguera des autres ! » Comment expliquer le choix du N° 5 ? « Je lance ma collection le 5 mai, cinquième mois de l'année, laissons-lui le numéro qu'il porte et ce numéro 5 lui portera chance », aurait-elle répondu.

Le succès est tel que Gabrielle ne peut plus se contenter d'une fabrication et d'une commercialisation artisanales : elle signe en 1924 avec Pierre Wertheimer, alors propriétaire de la société Bourjois, un accord pour une Société des parfums Chanel, qui connaîtra bien des péripéties mais dont l'exploitation la mettra pour toujours à l'abri du besoin.

Et les amours ? La liaison avec Dimitri s'étiole. Comme toujours lorsque l'élu de son cœur lui fait faux bond, Gabrielle se réfugie dans le travail, et pour ce faire, décide de se rapprocher de ses ateliers. Elle vend Bel Respiro, sa villa de Garches, et s'installe à Paris dans une somptueuse demeure : l'hôtel Pillet-Will, 29 rue du Faubourg-Saint-Honoré, à cinq cents mètres de la rue Cambon. Hauts plafonds, pièces en enfilade. N'aimant pas les boiseries intérieures qui recouvrent les murs, elle décide de les masquer par ses fameux paravents de Coromandel qui décorent toujours les appartements privés de Mademoiselle au 31 rue Cambon, juste en dessous du bureau de celui qui règne désormais sur la maison Chanel : Karl Lagerfeld. D'où lui vient donc cet amour immodéré pour ces paravents en laque de Chine ? Jamais elle ne l'avouera, mais il semble bien qu'elle le doive à l'influence des Sert et notamment de José. La décoration utilise en tout cas les couleurs qui sont désormais sa marque de fabrique : le beige et le noir. Elle achète des sièges Louis XIV et Louis XV, d'immenses miroirs. Et grâce à un éclairage très ouaté, parvient à créer une atmosphère raffinée, prête à attirer les plus grands noms du tout-Paris artistique. Pour faire fonctionner ce bel ordonnancement, il ne manquait plus qu'un personnel qualifié : il revient au fidèle Joseph de recruter cuisinier, valet de chambre, fille de cuisine.

Stravinski, Misia et même Picasso y ont une chambre attitrée et l'accès au piano, qui entrera dans l'appartement bien avant tout autre meuble. Mais parmi les hôtes de Gabrielle, il y en a un qui va sortir tout particulièrement du lot : le poète Pierre Reverdy. Une nouvelle (mais ô combien compliquée) histoire d'amour se profile alors dans la vie de Coco. Reverdy, elle l'a rencontré chez Misia, bien sûr. Mais à l'époque, écrasée par la douleur de la perte de Capel, elle ne l'a même pas remarqué. De six ans son cadet, ce précurseur de la poésie nouvelle est fils de la terre, comme elle, et vit misérablement avec sa femme Henriette, à Montmartre. Pas question d'endosser pour autant le costume du poète maudit montmartrois, bohème et mal fringué ! Il est toujours impeccable en veston, chemise, cravate. On ne le remarquerait pas, si ce n'étaient ses yeux, ce regard illuminé par un véritable feu intérieur. Il est, avec sa revue *Nord-Sud*, aux avant-postes du surréalisme, publiant les poètes Tristan Tzara, Guillaume Apollinaire, André Breton, Louis Aragon, Max Jacob. Entre eux deux, l'attirance se déroule d'abord sur le mode amical puis vire à l'amour. Une même ascendance terrienne, une enfance analogue au couvent, et vraisemblablement le prestige aux yeux de Coco du poète maudit. Mais aussi un trait de caractère commun : ce jusqu'au-boutisme, cet extrémisme radical des sentiments. Il ira jusqu'à brûler ses manuscrits, sans jamais dire les raisons de cet autodafé, refusant les compromissions littéraires et parisiennes, assoiffé de pureté. « La vie en société est une vaste entreprise de banditisme dont on ne vient pas à bout sans de multiples complicités », écrira-t-il plus tard.

D'humeur changeante, il fascinait par cet absolutisme existentiel qui le conduisait parfois à des comportements paradoxaux. Un jour, il aimait Coco à la folie, le lendemain, c'est au nom même de cet amour qu'il devait la fuir. Un jour, il adorait le luxe, s'y vautrant jusqu'à plus soif, le lendemain, il l'abhorrait, vomissant son mépris de l'argent. En fait il détestait le bonheur ! Mais pendant ce temps, Gabrielle rachète en secret ses manuscrits et s'arrange avec ses éditeurs pour qu'ils lui fassent croire que cet argent provient de ses droits d'auteur ! Elle a reconnu en Reverdy celui qu'André Breton n'hésite pas à qualifier de « plus grand poète actuellement vivant ». À telle enseigne que lorsqu'elle découvrira que Georges Pompidou (en 1961) ne le fait pas figurer dans son *Anthologie de la poésie française*, elle sera prise d'une véritable colère : « Aucun sens, vous m'entendez ? aucun. Qu'est-ce qu'il espérait, Pompidou ? l'Académie ? De toute manière, qui va lire ça ? Un travail d'écolier ! » Nul poète à ses yeux n'égale Reverdy, dont elle possède dans sa bibliothèque l'œuvre complète : dans chaque ouvrage, chaque manuscrit, des mots d'amour, d'amitié, de tendresse pour Coco. Ce ne sont que « À ma très grande et très chère Coco avec tout mon cœur jusqu'à son dernier battement », en 1924 sur *Les Épaves du ciel*, ou encore sur *Les Ardoises du toit* en 1941 : « Coco chérie, j'ajoute un mot à ces mots si durs à relire, car ce qui est écrit n'est rien, sauf ce qu'on n'a pas su dire. D'un cœur qui vous aime si bien. »

Elle aime Reverdy. Et pourtant cet amour-là aussi va lui échapper. Non pour des raisons de naissance et de condition sociale comme celles qu'avaient pu avancer ses précédents amants pour aller épouser « ailleurs », mais parce que cette fois Gabrielle aime un homme en quête d'un bonheur impossible. À moins qu'il ne soit incapable d'être heureux. Jamais bien là où il est. En fait la nature du conflit intérieur qui torture le poète est spirituelle. Il entend l'appel de Dieu, veut y répondre : un jour de mai 1921, Coco apprend la conversion et le baptême de son amant. Mais sa foi, il veut la vivre dans la solitude et le dénuement :

*Tisser, interposer entre le monde et soi*
*le filet des mots silencieux*
*dans tous les coins de la chambre noire*

écrit-il dans un manuscrit que détient Gabrielle dans sa bibliothèque. Elle souffre. Mais elle comprend. Cette chambre noire qu'il évoque, elle lui parle en secret. Elle sait trop bien ce que ce noir recèle de souffrance et de nécessité de la vivre dans l'intimité de son être le plus profond. Ce noir de la psychologie des profondeurs qui est aussi la couleur de son univers créateur, dans cet après-guerre que l'on nomme les Années folles.

La célèbre petite robe noire de Chanel fait son apparition
en 1926. On l'appellera la « Ford signée Chanel » car,
par sa simplicité, elle inaugure l'aire de la standardisation.

# 6

« Ça ne peut plus durer,
je vais les refoutre en noir ! »

Dans l'immédiate après-guerre, Gabrielle travaille plus que jamais. Non seulement elle fait
encore et toujours fructifier ses affaires, mais elle
devient désormais la figure incontournable et
emblématique de cette époque d'émancipation
pour les femmes.

Dans ces années folles où la joie de vivre retrouvée au sortir des tranchées se mêle à la fascination
pour une révolution russe grosse de lendemains qui
chantent, une nouvelle image féminine s'impose,
incarnation de la femme émancipée : la garçonne. Il
faut dire que les femmes, au sortir de la guerre, sont
fatiguées. Elles n'ont qu'une envie : profiter de la
vie, s'adonner en toute liberté à ses plaisirs. Finies
les femmes diaphanes, femmes lianes, femmes
fleurs, corsetées de la Belle Époque, tout entières

dévolues à leur mari et leur destin féminin. Elles sortent, elles dansent, découvrent les cinémas, les bals populaires, les dancings et les boîtes de nuit. On voit Coco Chanel, au tout début de l'année 1922, à l'inauguration de cette célèbre boîte Le Bœuf sur le toit que fréquentent les Sert bien sûr, mais aussi Cocteau et son tout jeune ami Radiguet, l'auteur prodige du *Diable au corps*, Paul Morand, Serge Lifar, Picasso, Max Jacob... Proust n'y est pas mais voudrait bien en être. « Je voudrais être assez bien portant pour aller au moins une fois au cinéma et au Bœuf sur le toit », écrit-il.

L'époque est exaltante pour celles qui veulent faire voler les modèles en éclats, mais il leur faut un certain courage pour imposer cette image de femme affranchie, aux cheveux courts. Immortalisée en 1922 par Victor Margueritte dans le roman du même titre, la « garçonne » a su inspirer les portraits de Van Dongen et les tableaux de Tamara de Lempicka. Figure emblématique de la jet-set des Années folles, la peintre, dont l'une des œuvres les plus célèbres est son *Autoportrait à la Bugatti verte*, est l'incarnation de cette « garçonne » qui vit dans une atmosphère de luxe, d'élégance et de liberté sulfureuse. C'est donc cette nouvelle femme émancipée qui naît des cendres de la guerre. Et qui vient seulement (en 1919) d'obtenir le droit de passer le bac ! Cette femme émancipée veut conquérir son indépendance financière et faire « carrière ». Elle veut penser et agir « comme un homme », elle fume, conduit, déploie des qualités dites viriles, talent, logique, maîtrise de l'argent, elle a conscience de son irréductible individualité, « je n'appartiens qu'à moi ». Les chignons vaporeux disparaissent au profit de ces « petites têtes rondes et polies comme une pomme d'ébène », dira Colette, qui avait initié le mouvement quelques années auparavant en se faisant couper sa natte pour la publication de ses *Claudine*. Mais ces femmes aux cheveux coupés sont vite considérées comme des femmes rebelles ! C'est à l'époque un tel signe d'émancipation que les ligues de moralité montent au créneau en Amérique. En France en tout cas, les coiffeurs sont aux anges : que de chevelures sacrifiées sur l'autel de la mode ! Maris et amants auront beau protester et vouer cette Chanel aux gémonies, rien n'y fait, « les femmes se font couper les cheveux », comme dit la chanson de Dréan.

Qui dit cheveux coupés dit aussi chapeaux à mettre sur ces petites têtes rondes : ce sont ces fameux chapeaux cloches qui moulent si bien la tête et qu'on enfonce jusqu'aux sourcils. Les femmes en raffolent ! Coco, qui répond en tout au profil de la garçonne, est par sa personnalité mais aussi par sa mode une des figures de proue de ce mouvement émancipateur. Pour la journée, Chanel leur propose des lainages, des sweaters. Fini le superflu, place au rationnel : des pantalons, des poches pour mettre les clés et du confort, quel confort ! Bettina, mannequin vedette, se souvient : « Porter un tailleur Chanel, ça adoucissait la vie. » Et s'ils sont si confortables aussi, ces vêtements, c'est qu'ils ne comportent aucune fioriture, rien que du fonctionnel : si les boutons sont là, c'est parce qu'ils servent à quelque chose.

C'est une véritable révolution du vêtement que Chanel amorce là. Par l'effacement de la taille et des seins, elle inaugure un autre modèle que celui de la femme soumise au désir de l'homme. Un modèle néanmoins plus élégant que féminin, car ce qui le caractérise, c'est la verticalité, au détriment des formes du corps : Coco disait qu'elle ne pouvait créer que des vêtements qu'elle pourrait porter, sa mode est en effet faite pour elle, avec ses petits seins et sa silhouette androgyne.

Conséquence inattendue et amusante du raccourcissement des jupes : le pantalon sous-vêtement en perd ses jambes, pour devenir ce qu'il est aujourd'hui – une culotte. Enfin, c'est le règne du sautoir et du fume-cigarette : les accessoires par excellence de l'émancipation féminine. C'est tout un monde qui la sépare de Paul Poiret, son rival dans le champ de la mode. Entre deux, c'est la guerre : plus Coco simplifie, plus Poiret en rajoute dans les tissus, dans les couleurs. Il est bien décidé à en découdre avec celle qui a transformé selon lui les femmes en « petits télégraphistes sous-alimentés » et a initié le « misérabilisme de luxe ». Roi déchu qui voit son influence décliner au fur et à mesure que celle de Chanel s'épanouit, il se lamente : « Jusque-là les femmes étaient belles et architecturales comme des proues de navire ! »

Cette émancipation qui se révèle à travers le vêtement s'étend aussi au domaine des mœurs. La sphère de l'amour devient pour certaines un vaste laboratoire d'expérimentations relationnelles : on ne se cache plus d'aimer dans le même sexe que le sien et de se ranger sous la bannière de Lesbos. D'ailleurs, par son androgynie, Coco est la première à alimenter les rumeurs selon lesquelles Misia serait pour elle bien plus qu'une amie : une petite amie... sans que personne ait jamais pu prouver cette assertion ! Toujours est-il que sa réussite professionnelle est telle qu'on ne jure plus que par elle. Les journaux de mode de l'époque regorgent de références au style de Chanel et font de Coco la couturière attitrée de la jet-set : « Lady X... portait au Ritz une robe de mousseline de soie grège signée Chanel... » Son style est pur, mais pas pauvre, elle enrage quand on prononce ce mot devant elle. « Rien n'est plus bête que de confondre la simplicité avec la pauvreté », dit-elle. La mode Chanel consiste à oublier le vêtement, à éliminer les excès de la haute couture. Plus qu'une mode, c'est un concept. Les femmes doivent être libres de lever les bras, de respirer, et un « décolleté ne doit pas être un coffre-fort », s'amuse-t-elle à dire.

Alors, Coco Chanel, féministe avant l'heure ? Mieux vaudrait dire moderne et avant-gardiste dans la mesure où elle a anticipé, voire facilité par sa mode, l'intégration des femmes à la vie active et œuvré à la promotion d'une nouvelle représentation féminine. Mais son progressisme s'arrêtera là.

Reste que son rayonnement est si grand qu'il va aussi atteindre la scène théâtrale. En 1922 s'ouvre en effet une nouvelle page pour elle, lorsque le poète Jean Cocteau lui propose de mettre son talent au service des costumes : pour habiller Antigone dans une libre adaptation de la pièce de Sophocle qu'il va monter au Théâtre de l'Atelier, fraîchement acquis par Charles Dullin. Arthur Honegger pour la musique, Picasso pour le décor, il pourrait y avoir pire cohabitation artistique pour Chanel. « Elle est la première couturière de notre époque et je n'imagine pas les filles d'Œdipe mal vêtues », dira Cocteau pour justifier son choix. Dès les premières représentations, la presse est dithyrambique à son égard.

Pourquoi s'arrêter en si bon chemin ? Une longue collaboration commence entre eux. Cocteau, en accord avec Diaghilev, fait de nouveau appel à Coco pour *Le Train bleu*, sorte d'opérette sans paroles dont la musique est confiée à Darius

Milhaud. Parmi les danseurs, il en est un que Coco remarque tout particulièrement, il est jeune (dix-neuf ans), beau, russe exilé débarquant de Kiev, il se nomme Serge Lifar et restera à ses côtés jusqu'à la fin de sa vie. Mais la première représentation frise le désastre, pour cause de précipitation, stress, manque de temps. Coco Chanel inaugure à cette occasion ce qu'elle fera toujours par la suite pour ses collections : la position genoux à terre, ciseaux à la main, visage concentré et front plissé, sculptant le costume sur le corps du comédien. À cette époque de sa vie, elle est encore silencieuse quand elle travaille de la sorte. Plus tard, préparant ses collections, elle prendra l'habitude de monologuer, accompagnant son travail de commentaires, sarcasmes, murmures.

Mais en cette soirée de l'année 1926, elle est tout sauf silencieuse. Penchée sur la balustrade en velours de sa loge à l'Opéra et contemplant avec consternation le parterre formé par les spectatrices, elle s'indigne : « Ces toilettes, mais quelle horreur ! » Ce ne sont que tissus lourds, broderies, turqueries, couleurs criardes ! « Ça ne peut plus durer, je vais les refoutre en noir ! » s'exclame-t-elle. À l'évidence, son grand rival, le couturier Paul Poiret, est passé par là. « Elles sont déguisées ! » dit-elle. Coco ne jure que par la pureté, la simplicité, la rigueur et surtout... le noir. Et puis il ne convient que trop bien à son humeur du moment : Pierre Reverdy vient de

69

quitter Paris pour toujours, retiré à l'abbaye de Solesmes pour y vivre sa foi, avec sa femme, certes, mais néanmoins « seul contre la peau des murs ». Le noir hante l'esprit créatif de Chanel, comme métaphore du dépouillement de l'âme et de l'esprit, qui finalement le rapproche de son amant poète. « Dépouillement chirurgical », dira Malraux à ce propos.

C'est en noir qu'elle va mijoter un nouveau projet dans sa tête, une création de génie : une petite robe noire, un fourreau en crêpe de Chine, passe-partout, toute droite, aux manches ajustées, blousant sur les hanches, simplissime, sublimissime. Elle deviendra si populaire, cette petite robe noire, que la revue américaine *Vogue* la présentera ainsi : « Voici la Ford signée Chanel. » Quelle révolution ! Difficile d'imaginer, à l'époque, ce que cela représente ! Jamais une fille n'aurait osé sortir en noir hors d'une circonstance de deuil, ni le jour ni le soir. Gabrielle continue de faire ce qu'elle a toujours fait : elle ose, elle impose ce qu'elle sent et pressent. Dotée d'un flair incroyable, elle invente avant la lettre les bureaux de tendance d'aujourd'hui. Sa petite robe en crêpe de Chine noire pour le soir, d'une simplicité qui n'est qu'apparente car toute sa beauté tient dans la rigueur de l'exécution, ajustée mais pas trop, avec collier de perles vraies ou fausses, là est le luxe suprême. Et la nouveauté, c'est aussi qu'elle peut être produite et reproduite, nous sommes à l'heure de la production de masse. Ne dit-on pas de Coco Chanel qu'elle a adapté la femme à l'ère de la machine ?

L'exposition universelle des arts décoratifs de 1925 a consacré la tendance fonctionnaliste aussi bien dans l'architecture et la décoration que dans la mode : c'est le début du *design*, recherchant une production industrielle pour une clientèle plus large. L'accent mis sur le style, le déclin de l'ornement dans le vêtement, compensé néanmoins par la profusion de bijoux fantaisie, ces faux bijoux dont elle disait : « Ce qui compte, ce n'est pas le carat, c'est l'illusion », mais aussi l'utilisation de matériaux bon marché laissent entrevoir la révolution de l'avenir : l'élégance à la portée du plus grand nombre. De même que le mobilier va s'adapter aux séries de l'industrie, la mode va être faite pour être copiée. C'est en tout cas le vœu de Chanel qui ne cesse de répéter qu'un vêtement est fait pour être copié et que c'est la preuve de la réussite. Mais à la petite robe noire qui va rencontrer un immense succès, vont bientôt venir s'ajouter une série de détails, d'accessoires, mais aussi de tissus et de thèmes empruntés au nouveau monde qu'elle découvre *via* l'amour : l'Angleterre. De 1926 à 1931 en effet, son vêtement sera anglais, comme l'est son nouvel amant : le duc de Westminster.

Gabrielle est en compagnie d'un de ses prestigieux amants :
le duc de Westminster. Elle ose, sous le vison,
de gros bas de laine beige tricotés à la main !

# 7

« Je m'ennuyais de cet ennui sordide
de l'oisiveté et des riches. »

Un soir de 1925, dans l'hôtel particulier de
Coco Chanel. On sonne. Joseph, le maître d'hôtel, ouvre : devant lui, un géant littéralement
caché par une gigantesque gerbe de fleurs. « Un
livreur », se dit-il. « Posez ça là ! » L'homme
n'est autre que le duc de Westminster qui essaye
alors désespérément d'entrer dans la vie de
Gabrielle Chanel, dont il est tombé fou amoureux, depuis qu'une certaine Vera Bate les a
présentés l'un à l'autre.

Il a quarante-cinq ans, les cheveux blonds
tirant vers le roux, les yeux bleus, le teint hâlé
par la mer, le soleil. On le surnomme Bendor
— du nom d'un cheval monté par son grand-
père qui gagna une grande victoire —, ce qui
n'est pas sans provoquer l'agacement de Coco.

« Les gens en Angleterre n'ont pas la tête faite comme chez nous. Imaginez-vous un Noailles portant pour prénom un nom de cheval ? » s'indignait-elle. Toujours est-il qu'il a une élégance incroyable, un charme indéniable et une richesse... invraisemblable : lui-même dit-on, n'en connaît pas l'exacte étendue. Il possède à Londres des quartiers entiers de la ville, un immense château, Eaton Hall, au nord du pays de Galles, un autre en Normandie, mais aussi une maison de pêche en Écosse, sans compter d'autres propriétés en France, en Irlande, en Norvège. Sans parler des yachts : un pour la Méditerranée avec à son bord pas moins de quarante personnes pour le servir, meublé de lits à baldaquin, tapis rares et vaisselles d'or et d'argent. Et puis un navire plus rude et solide pour la Manche et l'Atlantique, avec cent quatre-vingts hommes à son service. Il faut au moins cela pour affronter les tempêtes de l'océan, et celles de l'homme.

Quel homme, ce duc de Westminster, qui est aussi l'ami de Churchill ! Il a de ces caprices que seuls les très riches peuvent se permettre, tant ils ont perdu le sens des réalités : il exige de son valet qu'il lui repasse les lacets de ses souliers chaque matin et qu'importe si les semelles desdits souliers sont trouées ! Il exige qu'on lui obéisse au doigt et à l'œil. Il est même capable d'obliger un chef de gare à stopper d'un coup de sifflet un train express pour qu'il puisse y monter. Et c'est cet homme-là qui veut à tout prix faire battre le cœur de Chanel. Coco le fascine par sa liberté, son indépendance d'esprit, son ancrage dans la réalité de son époque. Mais que de temps il lui faudra pour se laisser approcher. Le luxe, le statut de Bendor ne l'impressionnent pas, même si elle reconnut un peu plus tard avoir « connu là un luxe tel qu'on n'en reverra plus jamais ». Il la couvre de lettres d'amour, de fleurs, de fruits, portés par courriers de Sa Grâce, il la comble de diamants. Il va même jusqu'à cacher une émeraude au fond d'un cageot de légumes, mais Gabrielle ne succombe pas pour autant. D'abord, elle n'est pas de ces femmes que l'on achète ! Elle s'amuse à adresser à son tour des cadeaux au duc, histoire de lui montrer sa liberté. Et puis elle se méfie aussi de lui : un homme de cette puissance ne serait-il pas tenté de vouloir la mettre sous sa coupe, habitué qu'il est à ce que personne ne lui résiste ? Voudrait-elle se l'attacher en affichant une telle distance, qu'elle ne s'y prendrait pas mieux : le duc est *addict*.

Mais pourquoi une telle distance de la part de Coco ? La vraie raison, elle l'avoue dans un soupir : « Je n'avais plus le cœur... » Elle n'avait plus de cœur qu'à la tâche, qu'à son métier. Au moins sur celui-ci pouvait-elle garder le contrôle ! Et puis, Gabrielle est devenue moins dépendante des élites.

Elle a désormais autour d'elle tout un cercle d'amis, les artistes. Serait-elle en train de soigner pour de bon ce vieux complexe d'infériorité ? Son titre de noblesse à elle, il est dans ce monde d'art, d'intelligence et de beauté qu'elle fréquente. Pas question de s'en laisser éloigner. C'est donc assez rudement qu'elle repousse les avances de Bendor. Jusqu'au jour où...

Un soir, elle accepte son invitation à bord de son yacht. Lorsque tous les invités sont partis, le duc donne l'ordre de lever l'ancre, ils se retrouvent seuls au large de Monte-Carlo, enfin presque... seuls. Le duc avait pris soin de faire monter à bord un orchestre qu'il tenait bien dissimulé. Et voilà Gabrielle prise au piège du prince charmant. La midinette cachée dans la femme forte ne demande qu'à refaire surface. Les défenses qu'elle avait mis tant de temps à construire pour ne plus souffrir s'effondrent. Et si celui-là était enfin le bon ? Toujours est-il que Coco se prend au jeu, visite chaque demeure de son amant, se met à traverser la Manche aussi souvent qu'elle le peut, découvre le plaisir des croisières à bord des yachts et les facéties du duc : son plus grand plaisir est de faire changer de cap en pleine nuit et de surprendre ses invités au petit matin, qui croient voir les côtes espagnoles alors qu'il s'agit de la France. Gabrielle apprend aussi à supporter fièrement les tempêtes : le duc ne supportait pas que ses maîtresses aient le mal de mer.

Le cran dont elle fit preuve en maintes occasions face aux éléments déchaînés ne fut pas pour rien dans l'estime qu'il lui témoigna. Et puis elle apprit à connaître Eaton Hall, cette colossale mais hideuse bâtisse hérissée de tours et de tourelles, et ses fameux week-ends : pas moins de soixante invités à demeure, parmi lesquels Winston Churchill et sa femme, les dîners en musique, le bataillon de valets commandés par une sorte de général-maître d'hôtel. Winston Churchill, qui découvre Gabrielle lors de ces séjours, est très admiratif. Il écrit à sa femme : « La célèbre Coco est arrivée et je me suis entiché d'elle. C'est une femme des plus compétentes et des plus agréables, de loin la plus forte personnalité à laquelle Benny (Westminster) ait eu affaire. » Dans les sous-sols, pas moins de dix-sept vieilles Rolls, dont on change fréquemment les moteurs, mais jamais la carrosserie, ce qui ferait bien trop « nouveau riche ». Et le parc, aussi beau que le château est laid, avec son île aux singes, ses gazons anglais...

Très vite, Gabrielle joue les maîtresses de maison. Elle sait faire : ne dirige-t-elle pas déjà une entreprise de quatre mille personnes ? En laissant ainsi Gabrielle, qui n'est pas une « lady », prendre possession des lieux et régner sur les domestiques, Bendor n'est pas mécontent de faire un pied de nez à l'*establishment*. Un pied de nez aussi à ce personnel

plein de morgue, plus conformiste et convention-
nel encore que les maîtres ! Gabrielle découvre à
cette occasion combien son amant est au-dessus de
ces simagrées. « C'est l'homme le plus simple qui
soit, dira-t-elle. Personne n'est plus éloigné du snobisme que lui. » Mais n'est-ce pas cela, justement,
la vraie, la seule grande classe, à moins que ça ne
soit l'arrogance absolue ? Car lui, en revanche, se
délecte du snobisme de ses invités. Il n'en demeure
pas moins que les week-ends sont longs et un peu
tristes au goût de Coco : « Faire du tricot, se changer plusieurs fois par jour, admirer les roses dans le
parc, se rôtir devant le feu de la cheminée du salon,
se geler dès qu'on s'en écarte, voilà en quoi consis-
tent les week-ends au château. » Et il n'est pas vraiment dans sa nature de subir un mode de vie qu'elle
n'a pas choisi, *a fortiori* quand il se révèle aussi
éloigné de son univers. Au moins en profite-t-elle
pour observer les vêtements et s'imprégner de leur
style : durant tout le temps de sa liaison avec Bendor, elle ne créera que vestes d'inspiration masculine, gilets à larges rayures, chandails, tweed. Sa
mode sera anglaise et traversée par l'univers aristo-
cratique. Les clientes s'arrachent le gilet qu'elle-
même porte, directement inspiré des livrées des
valets, aux couleurs du duc, dans lesquelles ils faisaient le ménage le matin au château. Mais il n'y
eut pas que sa mode pour être sous influence, son
esprit aussi va se laisser contaminer. Elle écoutait

son amant anglais raconter ses chevauchées à travers les déserts d'Afrique : autant il détestait l'art moderne, autant il aimait la guerre.

Dans tout cela, que devenait l'amour de Gabrielle pour l'art et les artistes ? Oublié ! Sa demeure parisienne ne bruissait plus de cet esprit nouveau et bouillonnant qui régnait alors jusque-là, sous la houlette d'un Cocteau, d'un Max Jacob, d'un Reverdy.

C'est que Gabrielle nourrissait un tout autre rêve : se faire épouser. Mais Bendor le voulait-il ? Ce qu'il voulait d'abord, c'était une femme féconde, capable de lui offrir un héritier. Ses deux femmes précédentes n'avaient été capables de lui donner « que deux filles », ô sacrilège dans une famille régie par les lois de la transmission. Mais voilà, Gabrielle, au plus fort de leur passion, n'est déjà plus toute jeune : elle a quarante-six ans. Alors elle va développer à l'égard de ce corps rétif la même hargne avec laquelle elle s'attaque à une tâche professionnelle, la même pugnacité : il ne peut pas lui résister. Elle court de médecin en médecin, consulte les femmes qu'elle croit plus expertes qu'elles, s'astreint, dira-t-elle plus tard, à des « gymnastiques humiliantes ». En fait, son problème n'est pas lié à l'âge : elle est stérile, conséquence vraisemblable d'un de ses avortements sauvages. Il faut se rendre à l'évidence : Gabrielle n'enfantera jamais. Au plus profond de son être, il y aura eu deux blessures : l'absence du père, l'absence d'enfants. Ne pas avoir d'enfant sera pour elle une telle souffrance qu'elle ne supportera pas de voir une femme enceinte et développera à leur égard une agressivité immédiate. On raconte qu'un jour, alors qu'elle est de fort méchante humeur, on lui annonce la venue d'une jeune femme désireuse de l'interviewer. Mais la journaliste a le tort à ses yeux d'être enceinte et de marcher difficilement en raison de sa grossesse. C'est alors qu'elle lui jette à la figure tout en lui montrant la porte : « Allez vêler ailleurs ! »

Sa rage de réussir est à la mesure de sa rage contre les épreuves que lui inflige la vie. À Boy non plus, elle n'avait pu faire ce cadeau d'un fils. Et c'était un fils évidemment que voulaient tous ces hommes ! Elle a beau savoir qu'elle ne pourra donner à Bendor ce descendant qu'il appelle de ses vœux, elle espère quand même qu'il va continuer à l'aimer, sans condition d'enfant. Voire l'épouser. Qui sait ? Il faut dire que Bendor fait tout pour alimenter une telle croyance, la couvrant de bijoux, d'attentions. De son côté, pour le séduire, elle est prête à tout mettre en œuvre : d'abord demander à ses frères de se tenir bien tranquilles moyennant une coquette pension, afin qu'ils ne fassent pas irruption dans sa vie et ne révèlent la vérité sur ses origines populaires. Puis concocter pour le duc et ses amis un port d'attache à sa mesure : elle décide d'acquérir un terrain sur les hauteurs de Roquebrune pour y construire une maison d'été, un *home* en France, dans le voisinage du tout-Londres (Winston Churchill réside à l'époque dans le midi de la France), qui deviendrait en quelque sorte le lieu de rencontre de tous les amis de Westminster. Elle offre même à la belle Véra, sa grande amie, mais aussi celle du prince de Galles et des Churchill, une petite maison au fond du parc : « la Colline ». Pour construire une résidence d'été qui convienne parfaitement à ses goûts, il faudra un an de travaux qu'elle surveille en venant inspecter le chantier tous les mois. Trois corps de bâtiment donnant sur un patio à la romaine, dans l'aile gauche, une série de suites composées de deux chambres, chacune avec son petit salon et sa salle de bains, un garage conçu pour six véhicules. La vue, depuis la terrasse, y est sublime. Lorsqu'elle reçoit, elle organise un buffet à volonté et met à disposition des invités des petites voitures avec chauffeur pour descendre à Monte-Carlo, sur la plage, au casino. Le coût des travaux est considérable. Streitz, l'architecte, interviewé en 1971, racontera combien Coco l'a frappé par la vivacité de son intelligence et sa surprenante générosité. Cette anecdote par exemple : Alors qu'il est invité à déjeuner chez elle, il lui dit qu'il a dû venir en car, sa voiture étant tombée en panne. Le repas s'achève et c'est alors que Coco appelle son maître d'hôtel : « Ugo, allez chercher pour M. Streitz les clés et les papiers de la Mors. » L'architecte remercie et précise qu'il ramènera le véhicule dans quelques jours. « Pas la peine, réplique Coco, je vous l'offre. »

Et le duc, a-t-il été séduit ? La résidence La Pausa, aussi sublime soit-elle, arrive trop tard : leur liaison a un goût de fin. Voilà que cette somptueuse demeure qui avait été pensée, conçue, organisée pour y couler des jours délicieux, ne résonne que de discussions orageuses et de bruits de rupture. Le duc est non seulement coléreux – on dit qu'il lui arrivait de battre ses maîtresses – mais volage. Aucune femme ne doit lui résister. Entre eux, c'est un motif de conflits. À chaque escale, une nouvelle femme. Un soir, affront suprême, il amène sa conquête à bord de son yacht, alors que Coco s'y trouve. Pour se faire pardonner, il offre à Coco une superbe émeraude. C'est mal la connaître. Elle sort l'émeraude de son écrin et, tout en le regardant droit dans les yeux, jette la pierre dans les eaux du port ! En séjour à La Pausa, il passe plus de temps au casino de Monte-Carlo qu'avec elle.

Dernière croisière avant la rupture... Son amie Misia les accompagne sur leur yacht qui croise au large des côtes dalmates. Elle aussi est malheureuse en amour. Son mari, le peintre José Maria Sert, lui inflige la présence de sa dernière conquête. Alors, elle préfère s'éloigner, c'est ainsi qu'elle partage à bord du yacht l'intimité de ce couple en train de se défaire. Solidarité des femmes dans le malheur. Mais on sait que ce que Misia aime par-dessus tout chez ses amies, et notamment chez Coco, ce sont les difficultés. Sans doute une manière de se consoler en voyant que le malheur n'épargne personne.

Alors qu'ils font escale à Venise, un télégramme avertit Misia que Diaghilev, résidant au Lido, diabétique au dernier degré, se meurt, mal soigné et bien sûr sans le sou. À peine a-t-il le temps d'exprimer sa joie de revoir ses amies, qu'il s'éteint le lendemain. Dernier geste d'une mécène adoratrice des arts et des artistes, c'est Gabrielle qui se charge de l'enterrement, auquel assistent Lifar et bien sûr Kochno, son inséparable secrétaire et factotum. Lifar, qui veut aller jusqu'à la tombe à genoux et qu'elle réprimande vertement d'un « Arrêtez cette pitrerie, je vous prie »... Dire que deux mois auparavant, elle donnait une de ces somptueuses fêtes en l'honneur des Ballets russes, où le tout-Paris rêvait de se montrer !

Faute d'un duc et de sa clique à La Pausa, c'est Misia et ses amis artistes qui vont occuper les lieux en cette fin d'été 1929. Une fin d'été qui laisse bientôt place au désenchantement du krach d'octobre, à la crise économique et à la montée des fascismes. Mais pour l'instant, entre le duc et elle, le torchon brûle de plus en plus. Outre l'infidélité chronique de Bendor, c'est bien sûr dans la stérilité de Coco qu'il faut trouver les causes de leur rupture. Et puis, avec le déclin de l'amour, vient la fin de l'aveuglement lié à la passion. Coco ouvre enfin grands les yeux sur cette vie qui finalement n'est pas et ne sera jamais la sienne, tellement loin de son univers : « Je m'ennuyais de cet ennui sordide de l'oisiveté et des riches... J'étais encore là et j'étais déjà absente... N'importe quelle misère valait mieux que cette misère-là, les vacances étaient finies. Elles m'avaient coûté une fortune, j'avais négligé ma maison, abandonné les affaires. » Elle ouvre aussi les yeux sur la personnalité de Westminster : amoureuse de lui, elle le trouvait « parfait en son genre ». Une fois la passion retombée, elle lui reconnaît une certaine insuffisance intellectuelle... Ce qui devait arriver arrive : le duc de Westminster en épouse finalement une autre, la fille du chef du protocole à la cour d'Angleterre. Lorsqu'il vient la présenter à Coco, la plus troublée des deux n'est pas celle que l'on croit. La jeune duchesse de Westminster raconte ainsi la scène des présentations : « Mademoiselle Chanel est au pinacle de la renommée... Petite, brune et féline, sa robe lui convient parfaitement... Elle donnait l'impression d'une extrême sophistication... Elle me fit asseoir à ses pieds ! J'avais l'impression de me trouver devant un juge ayant à décider si j'étais digne de devenir la femme de son ancien admirateur. Je doute fort que l'examen fût favorable. L'atmosphère fut loin d'être chaleureuse. Cherchant désespérément quelque chose à dire, je racontai que Mrs Georges Keppel m'avait offert un collier Chanel comme cadeau de Noël. Elle me fit décrire ce collier sur-le-champ... "Non, dit-elle alors froidement, ce collier ne vient sûrement pas de chez moi." Et la conversation tomba net. »

Ironie du sort, au moment même où le duc s'éloigne d'elle pour aller en choisir une autre, voilà que sa tante et confidente Adrienne, sœur de malheur et de bonheur du temps de Moulins et de Vichy, se marie enfin avec son noble fiancé Maurice de Nexon. Celui-ci vient de perdre son père, il n'y a donc plus d'obstacle à sa « mésalliance » ! Trente ans qu'Adrienne attendait cela ! C'est Coco, bien entendu, qui sera son témoin...

Non content d'avoir une femme légitime, Westminster voudrait aussi s'assurer que sa maîtresse le regrette. Or Gabrielle n'a pas l'intention de lui faire ce plaisir : qu'elle souffre ou non, là n'est pas le problème, elle entend bien donner le change. D'autant plus que la société qu'elle fréquente n'est pas tendre non plus et se régalerait volontiers de sa chute. L'orgueil et la fierté aident Coco à tenir debout. Mieux que cela, à réagir.

Eternels cigarette et collier de perles :
portrait de Gabrielle en 1936.
Un regard qui scrute l'avenir tumultueux qui s'annonce ?

# 8

« Si un jour, vous êtes au fond du chagrin,
si vous n'avez plus rien, ni personne...
vous disposerez toujours d'un ami à la porte
duquel vous pourrez frapper... Le travail ! »

Westminster parti, aussi surprenant que cela
puisse paraître, c'est vers Reverdy qu'elle va se
tourner. Lui, le poète maudit, névrosé, incom-
pris, qui fuit le monde des apparences et de
l'argent, exact opposé de Westminster. Imagine-
t-elle pouvoir faire renaître l'amour de ses cendres ? Toujours est-il que pour renouer les fils,
elle trouve comme prétexte une collaboration
littéraire. Elle lui demande de l'aider à écrire
des aphorismes, des réflexions ayant trait à son
métier, à la mode, à l'élégance, aux femmes et
à la vie en général, qui seront publiés dans le
magazine *Vogue* en septembre 1938. En voici
quelques exemples :

« Les femmes peuvent tout donner avec un sourire et, avec une larme, tout retirer », ou encore : « La coquetterie est une conquête de l'esprit sur les sens », et aussi : « La vraie générosité, c'est d'accepter l'ingratitude », « Le visage est un miroir où se reflètent les mouvements de la vie intérieure : accordez-lui beaucoup de soins », « Puisqu'il est convenu que les yeux sont le reflet de l'âme, pourquoi ne pas admettre que la bouche soit aussi l'interprète du cœur », « Il y a des gestes d'amour et de tendresse qui n'ont de sens que dans le dévouement », « Nos maisons sont nos prisons. Sachons y retrouver la liberté dans la façon de les parer », « On peut s'accoutumer de la laideur ; de la négligence, jamais », et enfin : « C'est le propre d'un esprit faible que de se vanter d'avantages que le hasard peut seul nous donner », etc.

Abordant la cinquantaine, ayant engrangé une riche expérience, elle est tenaillée par l'envie d'exprimer son point de vue sur les choses et le monde. Elle vient de rafraîchir le décor de son salon de présentation au 31 rue Cambon : le style est radicalement contemporain, avec sa rampe d'escalier Art déco en fer forgé. Elle a l'idée géniale déjà en 1921 de faire tapisser les murs par un jeu de glaces, toujours en place aujourd'hui. La moquette de couleur beige recouvre entièrement le sol. C'est sur les marches de l'escalier qu'elle assistera désormais à ses collections, deux fois par an, guettant les réactions sur le visage de ses clientes. Pour décorer son cadre de vie, elle n'a besoin de personne. Mais en ce qui concerne l'écriture, en revanche, elle a besoin à ses côtés d'un homme de lettres. Reverdy, se dit-elle, est l'homme de la situation. Mais où est-il ? Que fait-il ? Vit-il toujours le même mysticisme intense, depuis le temps qu'il est retiré à Solesmes ? Lorsqu'il avait décidé, en 1926, d'aller vivre sa foi ainsi, il avait adopté le régime des moines bénédictins : lever à cinq heures du matin, messe à sept heures, travail, puis à nouveau grand-messe, vêpres, complies... Trois ans plus tard, est-ce la dureté de la vie religieuse ou Dieu qui l'abandonne ? Toujours est-il qu'il n'a plus la foi. Saisissant l'offre de Coco, il réapparaît donc un beau jour de 1930 et élit domicile chez elle, rue du Faubourg-Saint-Honoré. Apprenant la nouvelle, Bendor s'esclaffe avec son accent britannique inimitable : « Coco est folle ! La voilà en ménage avec un kiouré ! » Un kiouré qui – soit dit en passant – ne mène pas une vie très « catholique ». Il renoue avec ses amis d'antan, Max Jacob, Blaise Cendrars, Cocteau, les peintres Derain, Léger, Braque, le photographe Brassaï. Toujours impeccable dans son complet croisé, verre de whisky à la main et cigarette au bec, il passe ses nuits à boire dans les bars, ou dans les boîtes à écouter du jazz, qui est devenu son nouveau chant liturgique. Il rentre à l'aube chez Coco, vidé, et toujours aussi malheureux : ce qu'il cherchait en Dieu et n'a toujours pas trouvé, il ne le trouve pas non plus dans ces nuits de beuveries. Jamais bien là où il est, il passe son temps en allées et venues entre Paris et Solesmes. Il se cherche et ne se trouve pas. À Solesmes, c'est le désert, mais à Paris, le faux-semblant. Entre la peste et le choléra, Reverdy décide pourtant de choisir Solesmes. Il explique à Coco que son état mental est celui d'un « malade », qu'il ne peut pas lui infliger sa présence, qu'il est trop lourd, trop sérieux : « Je voudrais avoir la foi que j'ai eue et entrer au couvent... Hélas ! Il n'en est pas question. Il faudra rester moine, seul, laïque et sans foi. C'est encore plus sec et plus héroïque. »

Fin de l'année 1931, la deuxième rupture est consommée, Reverdy s'en retourne à ses tourments et Gabrielle à sa solitude. Mais, selon les termes mêmes de Reverdy, il s'agit plutôt du passage « d'un grand amour à une impérissable amitié ». Gabrielle est à nouveau sans homme, sans amant, sans amour. Mais pas totalement seule pour autant. Misia veille, Misia ne quitte pas Gabrielle. Elle occupe un appartement à La Pausa, dans l'aile droite de la villa. Où elle va assister à un événement incroyable : la rencontre entre Coco et Samuel Goldwyn Meyer, le patron de Hollywood. Une rencontre organisée par le grand-duc Dimitri.

Qu'a-t-il donc derrière la tête, ce Goldwyn, fils de camelot juif émigré aux États-Unis où il gagne d'abord sa vie comme représentant d'une fabrique de gants, avant de fonder sa société de production ? Nous sommes en pleine crise économique, déclenchée par le fameux jeudi noir du 24 octobre 1929. En mars 1932, il y a aux États-Unis quatorze millions d'Américains sans emploi. Et la fréquentation des salles de cinéma s'en ressent. Alors, il a une idée : pour freiner les pertes entraînées par la crise, il voudrait faire habiller les stars par Chanel, la plus grande couturière de l'époque, dans le but d'attirer le public riche, et les femmes en particulier, dans les salles de cinéma. Il va leur vendre un supplément de rêve et de luxe : elles iront au cinéma d'abord pour voir le film et les stars, mais aussi pour suivre la mode. Il lui faut Chanel. Goldwyn lui demande donc de venir deux fois l'an à Hollywood pour y habiller ses stars, non seulement à l'écran mais aussi à la ville. Il n'y va pas de main morte, et l'offre est alléchante ! Mais le million de dollars qu'on lui propose ne semble pas impressionner Coco. Elle n'est pas enthousiaste. Encore une fois, Chanel est déjà très connue et très vendue outre-Atlantique et elle n'a rien demandé ! Après bien des tergiversations, elle accepte pourtant l'aventure américaine. Et prend Misia, l'éternelle Misia, compagne des jours difficiles, dans ses bagages : elle sera sa dame de compagnie.

Los Angeles, avril 1931. Le train, parti de Grand Central à New York, a une particularité : il est entièrement blanc. L'idée vient de Goldwyn qui sait que le blanc est la couleur fétiche de Coco, et il est homme à ne jamais faire les choses à moitié ! Lorsque le train de Gabrielle arrive en gare de Los Angeles, c'est Greta Garbo qui l'accueille, les bras chargés d'orchidées. « Deux reines se rencontrent », lira-t-on alors dans la presse. Mais le moment épique, c'est Erich von Stroheim qui l'offre. Avec son physique de Prussien à monocle, il s'approche de Coco et lui dit : « Vous êtes couturière, je crois... » Gabrielle, qui admire cet acteur, lui pardonnera plus tard cette petite provocation.

Coco, la Française qui sait ce qu'est le vrai luxe, va découvrir la capitale de tous les excès, les films aux trois mille figurants, le clinquant de l'univers hollywoodien. C'est ainsi qu'elle est reçue un jour dans une demeure hollywoodienne dont le propriétaire a fait peindre tous les arbres en bleu en son honneur. Elle le remercia poliment mais ne fut nullement intimidée, riant en son for intérieur. Elle se met au travail : la première star qu'elle habille n'est autre que Gloria Swanson. Mais la pauvre Gloria a le grand tort aux yeux de Coco d'être enceinte : entre deux essayages, elle prend évidemment du poids. L'humeur de Chanel, compte tenu de l'aversion qu'on lui connaît pour tout ce qui tourne autour de la maternité, ne rend pas les choses faciles. « Chanel, petite et fougueuse, portant un chapeau comme toujours pendant les essayages, me lança des regards furieux en voyant que j'avais un mal fou à enfiler une robe de satin noir tombant jusqu'au sol, une merveille pour laquelle elle avait pris les mesures six semaines auparavant », raconte-t-elle. L'idée d'habiller les stars, même en Chanel, se révèle très vite une fausse bonne idée. Elles se rebiffent, refusant qu'on leur impose quoi que ce soit. Et puis, il faut le reconnaître, le style de Chanel est trop classe, pas assez glamour et clinquant pour briller sous les *sunlights*. On en restera donc là : Coco, lucide, décide qu'il n'y aura pas de deuxième voyage à Hollywood. Mais elle profitera tout de même de sa présence sur le sol américain, en parfaite femme d'affaires qu'elle est, pour rencontrer les deux figures qui font à l'époque la pluie et le beau temps en matière de mode : la rédactrice en chef de *Harper's Bazaar* et celle de *Vogue*.

Dans la vie de Coco, rôde aussi un nouvel homme, qui n'est pas pour rien dans son entreprise outre-Atlantique : c'est Paul Iribe. Un homme à la réputation sulfureuse. La nouvelle se répand comme une traînée de poudre. C'est ainsi que Misia, surprenant Colette en train de faire des courses, surgit derrière elle et, lui cachant les yeux de ses mains, lui dit à l'oreille avec son accent slave : « Ma chèrre, ma chèrre, c'est une histoire inouïe : Coco aime pour la première fois de sa vie ! »

Coco aime donc Iribe, mais qui est Iribe ? Illustrateur satirique de son état, il collabore aussi bien avec le couturier Paul Poiret en commentant ses robes (*Les Robes de Paul Poiret racontées par Paul Iribe*, 1908) qu'avec Cocteau en lançant *Le Mot*, journal de luxe où le dessin est roi. Il est aussi décorateur et metteur en scène de films, photographe, inventeur de slogans publicitaires... Bref, ses talents sont non seulement incontestables mais multiples. C'est un Basque corpulent qui porte beau avec son abondante chevelure, ses lunettes d'or, ses faux cols, très vif et brillant, parlant d'une voix basse et détachant les syllabes. Le nouveau fiancé de Coco est marié et collectionne les maîtresses au point que sa femme, lasse de ses infidélités, finira par demander le divorce en 1933. Pour cacher leurs amours, Coco acquiert à Montfort-L'Amaury la propriété qui appartenait à Colette et à son mari Maurice Goudeket, alors en proie à des difficultés financières. Puis elle achète encore un château près de Lisieux, superbe demeure Louis XIII, dans laquelle elle ira pourtant peu. À chaque homme, une nouvelle demeure, mais aussi un éternel nomadisme qui lui vient peut-être de son père, courant les foires de ville en ville. Alors, cet Iribe est-il un séducteur ? un gigolo ? N'en veut-il qu'à l'argent de Coco ? Pour Edmonde Charles-Roux, « c'est un inquiétant personnage, un démon », c'est aussi ce qu'en pense Colette. Ce qui est sûr, c'est qu'il aura sur Coco une influence évidente et pas forcément du meilleur goût : sur le plan artistique d'abord, mais aussi sur le plan politique. C'est là où le bât blesse. Car c'est à lui en partie qu'on imputera les positions de droite collaborationniste qu'adoptera Coco pendant la Seconde Guerre mondiale.

Mais elle, pourquoi l'aime-t-elle tant ? Rappelons d'abord qu'à cette époque, elle est très seule. Sa liaison avec le duc de Westminster fait désormais partie des souvenirs, Reverdy est perdu, décidément trop torturé, et Iribe, homme à femmes, va savoir se faire aimer. Il a compris tout le parti qu'il pouvait tirer de Coco et de son désarroi. Chacune de ses liaisons fut pour lui un moyen de s'élever dans le monde. Fasciné par le luxe et tout ce qui brille, il n'aime que la richesse. Mais entre eux néanmoins, il y a un vrai terrain d'entente. Il n'est pas obsédé par les questions de milieu social comme l'était Boy Capel, pas écrasé par les considérations familiales comme Dimitri et Bendor, pas torturé par les affres de la création poétique comme Reverdy. Et puis il a une telle familiarité avec le monde des arts qu'elle peut trouver en lui aide, conseil et compétence. C'est vraisemblablement sous son influence qu'elle a accepté de répondre à l'invitation de Goldwyn à Hollywood. Et c'est sous son influence encore qu'elle organise chez elle au rez-de-chaussée de son hôtel particulier du Faubourg-Saint-Honoré une exposition de diamants très « hollywoodienne », très luxueuse, trop luxueuse, elle qui n'aimait dans le luxe que le plus extrême raffinement de la simplicité.

C'est ainsi qu'en ce lundi de novembre 1932, l'hôtel du 29 rue du Faubourg-Saint-Honoré accueille le tout-Paris pour l'exposition « Bijoux de Diamants » que Gabrielle Chanel organise au profit d'organisations caritatives. Ce ne sont que miroirs, glaces, lustres de cristal qui font briller de tous leurs feux les bijoux, les diamants sertis de platine, les colliers qui se répandent sur les épaules en pluie d'étoiles, présentés sur des bustes féminins en cire. Des gardes veillent, revolver au poing. L'ensemble fait un effet superbe, magique. Mais il semblerait pourtant que quelque chose choque pour qui connaît Coco : tout est « trop », trop beau, trop clinquant, trop brillant ; et ce trop, n'est-ce pas à Iribe qu'il faut l'imputer ? Quelle mouche a donc piqué Gabrielle, elle qui aime si peu cet étalage de richesse qu'elle a lancé un jour à propos de toutes ces femmes qui arborent des bijoux : « Autant porter un chèque autour du cou ! » C'est d'ailleurs la raison pour laquelle elle inaugurera la mode des faux bijoux, ou plus exactement la mode des bijoux fantaisie ! Si elle-même possède une impressionnante collection de bijoux de très grande valeur qui lui ont été offerts par ses ducs (le grand-duc Dimitri et le duc de Westminster), elle les étale rarement, ou les mélange avec des faux, au point qu'on ne saurait distinguer les uns des autres. Elle pousse même parfois le luxe jusqu'à déclarer fausses de vraies pierres. C'est Paul Iribe qui a inspiré les bijoux et le nouveau concept de bijoux transformables : un collier qui se divise en bracelets par exemple. Toujours est-il que le succès de cette initiative est considérable et ne fait que grandir la renommée de Coco : son nom s'étale une fois encore dans la presse mondiale.

Mais l'influence d'Iribe s'exerce aussi pour le pire. Il n'a qu'un slogan à la bouche : « La France aux Français ! » Ce slogan, qui servira aux partisans de la Cagoule, dans l'émeute avortée du 6 février 1934, pour tenter de renverser « la gueuse », la République, à deux pas de la demeure de Coco ! La Cagoule, c'est le surnom donné par la presse à ce groupe de tendance fasciste, anticommuniste, antisémite et antirépublicain, actif dans les années 1930 en France. Plusieurs de ses membres tenteront d'assassiner Léon Blum. Et c'est ainsi que l'on entend Coco se lancer elle aussi dans des commentaires aux relents nationalistes franchouillards. Son exposition sur les bijoux n'aurait eu d'autre sens, dit-elle, que de faire connaître la joaillerie, « un art très français », et les artisans parisiens qui sont « les meilleurs du monde ». Face au chômage grandissant, le seul remède, disait-elle en écho à Iribe, était le luxe, le luxe salvateur.

Alors que sa liaison prend un tour de plus en plus officiel, Iribe s'en donne à cœur joie dans un journal, *Le Témoin*, certes confidentiel, mais édité par une société Chanel. Coco en personne consent à prêter son image à la Marianne d'Iribe, effigie des valeurs en péril, qu'il dessine rendant l'âme sous son bonnet phrygien, métaphore de cette pauvre France menacée par les Bolcheviques. Il prône le retour aux formes pures qu'honorent l'Allemagne nazie et l'Italie fasciste, il n'a pas peur de dénoncer la liaison de l'art et du cube, il entend par là évidemment l'art moderne et plus spécialement le cubisme. Il s'en prend aux ennemis de l'intérieur, les Samuel, les Lévy, adoptant ce langage antisémite dont on sait aujourd'hui à quelle barbarie il conduisit les hommes. Mais Coco n'y voit, semble-t-il, rien à redire. Amoureuse au point d'être aveugle et d'asphyxier en elle tout sens critique ? À moins qu'il ne s'agisse d'un consentement tacite qui s'expliquerait par ce tempérament conservateur, voyant le mal et la révolution partout, qu'on trouve dans des milieux très populaires ? Ou réaction de ceux qui, ayant réussi leur ascension sociale, n'éprouvent que mépris pour ceux qui n'ont pas été capables d'en faire autant, et haine à l'égard de ce qui pourrait les menacer ? C'est cet univers d'Iribe qui va la pousser vers l'esprit de collaboration. Elle le paiera très cher à la Libération, par un exil de près de dix ans. En attendant, Coco, à cinquante ans, est touchée-coulée par cet homme, qui sait s'y prendre... Elle est amoureuse, « on raconte même qu'elle va l'épouser, n'est-ce pas une épouvante ? » s'indigne Colette, qui craint une telle alliance avec le démon. À l'évidence, il la domine, ce qui n'est pas pour lui déplaire, car c'est à ce signe qu'elle sait aimer vraiment : quand la femme de pouvoir qu'elle est, la femme phallique, accepte la domination d'un homme. Elle le mêle à sa vie professionnelle, en fait son homme de confiance dans l'affaire judiciaire qui l'oppose à la Société des parfums Chanel, lui fait jouer le rôle de maître de maison en lui donnant les clés de sa demeure La Pausa.

Mais l'heure est aux restrictions : incidence de la crise de 1929 sur les affaires ? Les effets de la dépression n'en finissent pas de se faire sentir, la production française diminue, le chômage grandit. Pendant qu'à deux pas de la France, l'Allemagne est le théâtre de la montée en puissance des nazis. Le monde est plus qu'incertain. On ne saura jamais vraiment les raisons de sa décision de réduire son train de vie, toujours est-il qu'elle décide de quitter son hôtel particulier du Faubourg-Saint-Honoré, de renvoyer son personnel, à commencer par le fidèle Joseph, seize ans de bons et loyaux services, pour s'installer au Ritz avec ses meubles et ses paravents. Une nouvelle page est tournée, mais cela, elle ne le sait pas encore : le célébrissime hôtel de la place Vendôme sera sa dernière demeure.

Le sort s'acharne sur elle. Alors qu'elle roucoule avec Iribe dans sa villa du Midi La Pausa, alors qu'elle touche du doigt ce statut tant convoité, le mariage, voilà que son amant s'effondre brusquement en jouant au tennis, foudroyé par une crise cardiaque. Cruelle répétition d'un malheur déjà connu avec Boy : la mort d'un être aimé, aussi peu recommandable soit-il. Gabrielle souffre incroyablement. Mais en silence, comme toujours. Et comme toujours, Misia accourt et ne la quitte plus. L'amitié d'une femme, et le travail, éternel sauveur.

Coco devisera sur la force thérapeutique du travail en s'ouvrant quelques années plus tard à Raymond Massaro, bottier de père en fils, qui vient de perdre son père : « N'oubliez jamais ceci, Raymond ; si un jour, vous êtes au fond du chagrin, si vous n'avez plus rien, ni personne... vous disposerez toujours d'un ami à la porte duquel vous pourrez frapper... Le travail ! »

C'est le réalisateur Jean Renoir qui va lui offrir ce travail salvateur : il lui propose de créer les costumes de ce film désormais passé à la postérité, *La Règle du jeu*. Et puis, sur le terrain de la mode, elle a fort à faire avec une concurrente qui s'annonce sérieuse : Elsa Schiaparelli. Cette couturière d'origine italienne, amie des surréalistes, a ouvert sa maison en 1934. Avec son « rose *shocking* » et ses chapeaux en forme de soulier renversé, elle lui chipe

ses clientes qu'elle habille – dit Coco – en « saltim-
banques » ! N'empêche qu'il lui faut réagir, se
battre encore une fois sur tous les fronts.

À compter de cette fin 1935, Coco ne pourra
plus dormir sans s'injecter une sérieuse dose d'hyp-
notique : sur sa table de nuit, à côté de l'icône que
lui a offerte Stravinski, il y a l'ampoule de Sédol, et
la seringue pour « tenir », dit-elle, simplement
« tenir ».

Les ateliers Chanel découvrent les grandes grèves de 1936 :
à l'entrée, cousettes et vendeuses forment
un piquet de grève qui en interdit l'accès.

# 9

« Faire la grève sur le tas ! Mes ouvrières faisant
le tas sur mes robes, c'est gracieux, non ? C'est
plaisant et séduisant d'imaginer une femme
dans cette position !... Non mais quelles gourdes,
ces filles, alors ça, mes ouvrières sur le tas ! »

Des années difficiles s'ouvrent pour Chanel ; elle
ne peut pas ignorer ce qui se passe sur la scène politique et sociale : la victoire du Front populaire et de
Léon Blum en avril 1936 et « une bourgeoisie raide
de peur », comme le signale alors un observateur
étranger. Cette bourgeoisie qui est la clientèle de
Coco. Certains ont mis leur fortune à l'abri, hors
des frontières nationales, d'autres ne digèrent pas
de s'être ainsi laissé surprendre par ce mouvement
social qui réclame la semaine de quarante heures,
les congés payés, les contrats collectifs. Et pour
finir de les achever, voilà que la Bourse s'effondre et
que les grèves s'étendent à presque tous les secteurs

de l'activité économique : l'automobile, la métallurgie, les postiers, le bâtiment... Pourquoi le textile resterait-il à l'écart de ce grand mouvement revendicatif ? La vague s'étend en effet au textile, à la stupéfaction et à l'indignation de Gabrielle Chanel, qui se croyait volontiers patronne de droit divin. Une grève de ses ouvrières ? Allons donc, c'est impossible, lui faire ça, à elle ? Malheureux, les ouvriers ? Malheureuses, ses ouvrières ? Allons donc ! « Qu'est-ce que vous me chantez là ? s'indigne-t-elle. Insuffisants, les salaires ? » Elle explose : « Vous allez cessez de me rebattre les oreilles avec vos sornettes ! Les salaires sont tout ce qu'il y a de plus convenable. » Et de crier au scandale et à l'injustice, elle qui a inventé les « villages-vacances » avant l'heure en envoyant ses arpètes les plus fragiles se refaire une santé à ses frais à Mimizan ! L'idée que ses ouvrières puissent faire la grève lui est insupportable, elle ironise sur cette nouvelle expression qui fait irruption sur la scène sociale, « Faire la grève sur le tas ! » : « Mes ouvrières faisant le tas sur mes robes. Faire le tas ! c'est gracieux, non ? C'est plaisant et séduisant d'imaginer une femme dans cette position : faisant le tas !... Non mais quelles gourdes, ces filles, alors ça, mes ouvrières sur le tas ! » Et ce qui l'insupporte encore plus, c'est que ces grèves se déroulent dans la joie : on chante, on s'embrasse, on pique-nique dans les ateliers. Les vendeuses du Printemps et des Galeries Lafayette

dansent autour des comptoirs ! N'est-ce pas choquant de « rigoler » ainsi ? s'indigne-t-elle, rejoignant les commentaires d'un journal de l'époque,
*L'Écho de Paris*, qui estime que « la bonne humeur
des grévistes est le plus sinistre des présages » !
« Je ne me laisserai pas piétiner dans l'entreprise
que j'ai moi-même créée... Les gens veulent que
l'on soit gentil... La gentillesse n'abat pas de
travail... C'est la colère qui en abat », vocifère-
t-elle.

Mais quoi qu'en pense Gabrielle, les salaires des
femmes sont non seulement très bas, mais représentent à travail égal la moitié des salaires masculins.
Et le pouvoir d'achat pour les ouvrières de la couture a baissé de 24 % entre 1930 et 1934. Les
femmes grévistes s'élèvent contre l'idée dominante
selon laquelle leur salaire ne serait qu'un salaire
d'appoint, alors que la crise rend leur travail indispensable : elles sont, en 1936, plus de 55 % à travailler. La participation des femmes sera parfois
décisive dans cette explosion de grèves qui marque
l'année 1936. Toujours est-il qu'au 31 rue Cambon, une pancarte avec le mot « Occupé » est collée
sur la porte de la boutique et qu'un piquet de grève
veille au grain. Les « déléguées des ateliers » se présentent à la porte du Ritz et demandent au
concierge du palace à être reçues par la patronne. La
scène est cocasse. Mais Mademoiselle fait répondre

qu'elle ne sait pas ce qu'est une « déléguée d'atelier », elle ne recevra personne, d'ailleurs elle est au lit ! Elle ira au 31 comme chaque jour et quand bon lui semblera ! Le concierge du Ritz la met en garde : « Il n'est pas sûr qu'on vous laissera entrer ! – C'est ce qu'on verra », répond-elle. Le concierge avait vu juste : on lui refuse l'accès ! Voici donc Gabrielle Chanel à la porte de sa propre maison. Une humiliation, dont, semble-t-il, elle ne se remettra jamais !

Autant dire que les négociations avec son personnel sont plus que tendues. Non seulement elle refuse d'accéder à leurs revendications (congés payés, contrats de travail, salaire hebdomadaire), mais elle licencie trois cents ouvrières. L'intimidation ne prend pas. La collection de rentrée est menacée. « Il faut céder », lui conseille son entourage. Elle cède, la mort dans l'âme. Ce n'est pas qu'elle ignore la vie difficile de ses ouvrières, elle aussi a connu cette vie-là, de labeur acharné ; sauf qu'elle, elle s'en est sortie, justement. Elle ne supporte pas que les filles s'en soient prises précisément au travail, ce qu'elle a de plus cher ! Qu'elle soit, elle aussi, issue du peuple, qu'elle aussi ait travaillé dur, ne la porte pas à la solidarité avec les filles, bien au contraire. C'est une patronne sans états d'âme. Ses relations avec ses employées ont toujours été tumultueuses. À commencer par sa secrétaire, Lilou, qu'elle congédiait puis qu'elle rappelait. Exigeant de ses ouvrières qu'elles lui donnent du « Mademoiselle » en s'adressant à elle. Ne leur faisant jamais un compliment, les fustigeant, les accusant de n'avoir pas « obéi » à un ordre que souvent elle n'avait pas donné : « Je vous l'ai dit hier, vous devez ôter ce pli, pourquoi ne m'obéissez-vous pas ! » Même si la veille elle n'avait pas dit cela, mieux valait ne pas discuter ! Sa colère tournait parfois à la paranoïa, quand elle se mettait à soupçonner les plus honnêtes de vol. Une ancienne employée parle du caractère hautain et impérieux de Coco : « Quand un essayage n'allait pas, elle entrait dans des rages terribles » et se souvient alors combien elle « pleurait en ce temps-là ». Il faut dire que Coco au travail ne s'appartient plus : elle est en proie à une sorte de furie créatrice qu'elle exprime dans un flot sourd et ininterrompu de mots. Seules l'entendaient les pauvres mannequins, mortes de fatigue, qu'elle habillait : « Toujours ôter, dépouiller. Ne jamais ajouter... Il n'y a d'autre beauté que la liberté des corps... Toujours trop de tout, trop de tout... » Elle enlève, elle épure, guidée par ce désir de « dépouillement chirurgical » qui est sa marque.

Mais les temps qu'elle traverse ne sont pas favorables aux affaires. Chanel vacille, voudrait bien tirer sa révérence, fermer boutique, mettre tout le monde à la porte, ça leur apprendrait ! Mais c'est impensable avec cette « Schiap », la fameuse Italienne Schiaparelli, qui la talonne et qu'elle désigne par « cette Italienne qui fait des robes ». Il lui faut à tout prix récupérer sa couronne. Et puis il y a l'exposition des Arts et techniques de 1937, l'expo qui sent déjà la guerre, avec le pavillon de l'Allemagne qui nargue la France, mais sur laquelle compte le pays pour relancer la machine économique. En bon petit soldat qu'elle est, Chanel joue au mannequin, présentant ses propres modèles, toute vêtue de tulle et d'organdi. Elle fait bonne figure, mais au coin des lèvres se lisent les plis de l'amertume. Belle dehors, effondrée dedans. Certes, il y a bien cette courte idylle avec Luchino Visconti, à qui elle fait forte impression, alors qu'il n'a que trente ans, fasciné qu'il est par ce mélange de « beauté féminine, d'intelligence masculine et de fantastique énergie ». L'aventure, bien que brève, se soldera par une amitié indéfectible et pour Visconti par un sacré coup de pouce à sa carrière cinématographique. C'est en effet Coco qui le recommande à Renoir. Celui-ci le choisit comme assistant pour *Les Bas-Fonds*, d'après Gorki, et *Une partie de campagne*, d'après la nouvelle de Maupassant. L'année qui suit ne sera pour Coco que succession de fêtes et d'étourdissements avec Dalì, Georges Auric et Misia. On les voit toutes deux à l'ouverture de l'Athénée, accompagnées par Stravinski, saluées par Louis Jouvet.

S'il est une tâche qui parvient à la sortir de sa dépression, c'est bien le costume de théâtre. Cocteau, qui en cette année 1937 règne en maître sur les scènes parisiennes, lui demande d'habiller Jean Marais, dans la splendeur de sa jeunesse, pour *Œdipe-Roi*. Elle a une idée de génie : pour mettre en valeur la beauté sculpturale de ce jeune homme de vingt-trois ans, elle ceinture ses membres et son torse de bandelettes blanches. On crie au scandale ! Si sa collaboration avec Cocteau est fructueuse — bien qu'elle n'en tire aucun autre avantage que le prestige, puisqu'elle règle tous les frais —, elle n'est cependant pas sans nuages. Coco eut beau l'entourer de toute son attention (à deux reprises, elle paya ses cures de désintoxication — il fumait jusqu'à soixante pipes d'opium par jour —, et aussi les obsèques de son amant Radiguet), il n'en demeure pas moins qu'elle avait une dent contre lui. Elle n'a jamais supporté qu'il soit connu et reconnu alors que Reverdy, qu'elle jugeait ô combien plus talentueux, stagnait, lui, dans le plus profond anonymat. Cocteau sait combien il lui doit et de quel bois elle se chauffe : « Ses colères, ses méchancetés, ses bijoux fabuleux, ses créations, ses lubies, ses outrances, ses gentillesses comme son humour et ses générosités, composent un personnage unique, attachant, attirant, repoussant, excessif... humain enfin. »

Est-ce un adieu avant la catastrophe mondiale qui s'annonce ? Comme une révérence aux événements qui se préparent, ses dernières robes de l'été 1939 affichent discrètement mais sûrement une touche tricolore. Et voici que quelques semaines plus tard, alors que la France se mobilise après l'agression de la Pologne par l'Allemagne, Coco Chanel décide, elle, de démobiliser ses troupes. Elle ferme et licencie le personnel des ateliers de couture, deux mille cinq cents ouvrières, au grand dam du tout-Paris des affaires et de la mode. Ne gardant ouverte que la boutique de parfums et d'accessoires. Et peu lui importe ce qu'on lui dit, ou ce qu'on pense d'elle. Elle ne reviendra pas sur sa décision « quoi qu'il advienne » ! « L'heure, dit-elle, n'est plus à faire des robes, ni à habiller les femmes. » Leur créer des tenues pour jouer les infirmières, pour aller se réfugier dans les abris, imaginer des petits sacs pour y loger le masque à gaz, comme en 1914 ? Summum du ridicule, iro-nise-t-elle cette fois-ci. Mais au fond, cette déser-tion n'est-elle pas une forme déguisée de vengeance contre les grévistes de 1936 ? Beaucoup le pensent. À moins qu'elle ne pressente la catastrophe qui va s'abattre sur le monde ? Une chose est sûre : elle est seule désormais pour affronter l'extérieur. Plus d'amants, plus de famille : ses deux sœurs Julia et Antoinette sont mortes, elle a quasiment rompu tout lien avec ses frères à qui elle cesse de verser des pensions, leur déclarant qu'elle est désormais « presque dans la misère ». Ne lui reste qu'Adrienne, devenue châtelaine, tandis que l'état physique de Misia se dégrade lentement : à la suite d'une hémorragie rétinienne, elle a perdu l'usage d'un œil et se drogue pour tenter d'oublier.

Été 1940, devant le comptoir du concierge du Ritz, un dignitaire allemand se pavane devant un aréopage d'officiers en uniforme : il exhibe avec fierté son nouveau bâton de maréchal constellé de diamants, exécuté par la maison Cartier. Cet homme, c'est Goering, ministre du IIIᵉ Reich. Le Ritz vient d'être réquisitionné par les Allemands, un drapeau à croix gammée, noir, blanc et rouge, flotte au fronton de l'édifice, narguant la colonne Vendôme. Mademoiselle Chanel est priée par la direction de l'hôtel de leur laisser sa suite, cette belle suite dont les fenêtres donnent sur la place Vendôme. Coco exige en échange qu'on lui trouve une autre solution d'hébergement dans l'hôtel : ce sera une modeste pièce qui ouvre sur la rue Cambon. Peu lui importe de « cohabiter » avec l'occupant allemand, l'essentiel est qu'elle ne change pas d'adresse. Ses frais de séjour vont ainsi considérablement baisser : aussi riche soit-elle, cela ne lui déplaît finalement pas de faire quelques économies. Elle est de la race de ceux pour qui « un sou est un sou ».

Les Allemands en 1940 ne font pas qu'occuper la France, l'un d'entre eux occupe aussi le cœur de Coco. À cinquante-six ans, la voici en effet de nouveau amoureuse. Amoureuse d'un Allemand, Hans Gunther von Dincklage, surnommé Spatz (moineau), qui venait de divorcer d'une femme ayant le tort d'avoir quelque gouttes de sang juif dans les veines. Il est très bel homme, de treize ans plus jeune que Coco, aime les jolies femmes. Et la vie facile. Autant dire que Coco est plus que flattée d'être courtisée à son âge, un âge qui n'a théoriquement plus la cote sur la scène amoureuse. D'ailleurs, c'est ce qu'elle répond quand on lui reproche la nationalité de son amant : « Quand on a cet âge-là et qu'un homme vous fait l'honneur de vous courtiser, est-ce qu'on lui demande ses papiers ? » A *fortiori*, aurait-elle pu ajouter, quand cet homme vous envoie si magistralement au septième ciel ! Car entre eux, l'entente sexuelle est saisissante, si l'on en croit les aveux de Spatz à ses ex-maîtresses. Mais leur liaison ne s'étale pas pour autant au grand jour. Non pas que Coco ait honte de s'afficher avec un Allemand. Il semblerait que c'est lui qui ne tienne pas à se faire remarquer, notamment du haut commandement allemand. Trop peur d'être appelé sur le front de l'Est et d'être arraché à sa vie confortable aux côtés de Coco ? Mais que faisait-il au juste en France quand Coco le rencontre ? Le beau, le coq, l'agent de renseignement ? Travaillait-il pour le Reich ? Mystère. Et d'ailleurs, quand l'a-t-elle rencontré ? Elle affirme que la rencontre a eu lieu avant la guerre pour être lavée de tout soupçon de collaboration.

De cette période trouble de sa vie, Chanel n'en dira pas plus : on connaît son art consommé du secret. Et le trouble ne fait que s'épaissir encore un peu plus avec cet événement, que les biographes de Coco ne finiront jamais de commenter : l'action rocambolesque qu'elle va tenter de mener cette fois sur le plan politique, entrant dans le monde de la guerre et du renseignement.

Nous sommes en novembre 1943, Coco veut obtenir en coulisse que les belligérants négocient une paix séparée entre la France et l'Allemagne, afin, semble-t-il, de retourner les alliances contre la Russie. Avec cette pugnacité qui la caractérise, elle va tout mettre en œuvre, et notamment ses relations anglaises en la personne de son amie Vera Bate, et faire preuve d'un culot incroyable, pour essayer de rencontrer son ami Churchill et le convaincre d'ouvrir des entretiens secrets avec l'Allemagne. Ce projet fou (intitulé « *Modelhut* », chapeau de mode !!!) émane-t-il de son imagination galopante ou d'une initiative des Allemands ? Toujours est-il qu'il échouera, car elle ne parviendra pas à rencontrer Churchill, qui lutte alors contre la maladie.

Mais elle ira plus tard jusqu'à Berlin pour rendre compte de sa mission à celui qui en fut le grand ordonnateur : Walter Schellenberg, chef du contre-espionnage, protégé de Himmler. Pourquoi Coco souhaite-t-elle ainsi rencontrer ce serviteur de l'Allemagne nazie, dont l'œil, aussi charmeur et enjôleur soit-il, a vu le pire qu'on puisse imaginer sur cette terre ? Il a trente-trois ans, il est beau, séducteur, brillant, rusé, cultivé. Elle en a soixante. Elle est vieillissante, lucide et inconsciente à la fois, animée sans doute par cette énergie du désespoir qui naît de ce besoin d'être encore et toujours dans la lumière, d'où qu'elle vienne. Entre eux, que se passe-t-il au juste, lors de cet entretien ? Ne sont-ils pas réunis par une même folie, pour l'un meurtrière, pour l'autre existentielle ? Toujours est-il que c'est à elle, Gabrielle Chanel, que Schellenberg fera appel au moment de rendre des comptes devant le tribunal de l'Histoire. On dit qu'elle l'aida.

En juin 1945, il se rend aux Britanniques et négocie son sort contre des renseignements classés ultra-confidentiels ; puis en janvier 1946, lors du procès de Nuremberg, il témoigne contre les ex-grands de l'Allemagne nazie. Il s'en tirera avec seulement quatre ans de détention. Exilé ensuite en Suisse, sans le sou, il lui lance un SOS, auquel elle répond en l'aidant financièrement. On peut se demander ce qui a bien pu la pousser à se lancer dans une telle entreprise. Était-ce le désir de mettre sa personne au service de la paix ? La folle envie d'inscrire son nom dans un registre autrement plus sérieux que celui de la mode, d'autant plus que l'inactivité lui pèse depuis la fermeture de ses ateliers ? L'irrésistible besoin d'exister, de s'affirmer, de gagner les défis les plus fous ? « Un peu du sang de Jeanne d'Arc devait couler dans ses veines », écrira plus tard Théodor Momm, l'ex-officier allemand qui intercédera en faveur d'André, son neveu, le fils de Julia Chanel, pour le faire libérer d'un camp de prisonniers français en Allemagne. Il n'est pas non plus impossible que le duc de Westminster ait tiré les ficelles en coulisse.

Toujours est-il qu'à la Libération, quand vient l'heure des règlements de comptes, Coco fait partie de ces Français sommés de s'expliquer. C'est la relation qu'elle entretient avec son amant allemand qui est retenue contre elle, plutôt que sa folle entreprise politique, que personne n'est censé connaître.

Le 10 septembre 1944, une traction noire stoppe devant le Ritz. Deux hommes, jeunes, manches de chemisettes relevées, espadrilles au pied et revolver à la ceinture, bousculent le portier, le tutoient : ils viennent chercher Coco Chanel. Quelques minutes plus tard, ils réapparaissent encadrant Gabrielle, tailleur blanc, pâle comme un linge, et la poussent dans la voiture sans ménagement. Où vont-ils ? On ne le saura jamais. Tout ce que l'on sait, c'est qu'elle est libérée quelques heures plus tard, et que le sort qui lui est réservé n'a rien à voir avec les mesures de représailles infligées alors par les comités d'épuration auto-désignés, statuant parfois en toute illégalité. Aux femmes ayant eu ou supposées avoir eu des relations avec l'occupant, on rasait la tête, on dessinait une croix gammée sur le front, les forçant ensuite à déambuler nues dans les rues. Bien que relâchée après son interrogatoire, vraisemblablement sur l'intervention d'une personnalité au bras très long (Churchill ? le fidèle duc de Westminster ?), elle ne pardonnera jamais cet événement, ni à Charles de Gaulle ni à la Résistance. « Ces Parisiens, à la Libération, avec leurs manches de chemises relevées... Quatre jours plus tôt, quand ils étaient avec les Allemands, ils n'avaient pas relevé leurs manches », s'indigna-t-elle avec mépris.

S'ouvre alors pour Coco une période pleine de rancœurs et d'amertume : ce seront ses années grises. La voici à l'aube de ses soixante-deux ans, et pour la première fois, face au vide de sa vie. Sans projet, désœuvrée, sans homme, sans enfant, sans famille. Elle a définitivement mis fin aux relations avec ses frères en leur coupant les vivres. Seul son neveu André Palasse a encore ses faveurs. Elle, en revanche, n'a plus les faveurs de ses anciens amis, à l'exception des fidèles entre tous, Misia, Serge Lifar... Pour preuve, aucun d'entre eux ne se tournera vers elle pour lui demander d'intercéder auprès des Allemands afin d'arracher Max Jacob des mains de la Gestapo. Pauvre Max Jacob, abandonné de tous, à commencer par Picasso qui ne lève pas le petit doigt ! « Cocteau, le plus courageux, le plus résolu d'entre eux, rédigea un appel auquel on eût aimé voir associé le nom de Gabrielle », écrit Edmonde Charles-Roux. Mais on ne lui demanda rien. Quant à l'appel, il ne parvint pas à sauver Max Jacob de l'enfer de Drancy.

Puisque la France la maltraite ainsi, c'est en Suisse qu'elle va s'exiler. Un exil qu'elle s'impose elle-même pour ne pas avoir à subir l'humiliation d'une injonction à partir. Et puis, n'est-ce pas en Suisse aussi que dort sa fortune ? Tour à tour, elle pose ses valises au bord du lac Léman à Lausanne, à Genève, déménageant de palace en palace et provoquant à chacune de ses apparitions dans les salles à manger rumeurs et chuchotements : toujours impeccable dans son tailleur de tweed blanc, son chemisier noir, ses colliers de perles et son éternel canotier. Coco plus vraie que nature, se caricaturant presque elle-même, incarnation de la femme riche traînant son ennui. Pour être riche, elle l'est, et le reconnaît elle-même. L'accord trouvé avec Pierre Wertheimer, qui préside aux destinées des parfums Chanel, lui donne une participation de 2 % sur les ventes et la met définitivement à l'abri du besoin. Mais que de combats et de péripéties pour en arriver là ! Ce fut d'abord un vrai bras de fer qu'elle engagea contre les frères Wertheimer qui, depuis les États-Unis où ils ont émigré, gèrent, fabriquent et commercialisent ses parfums. Depuis toujours, elle s'estime « spoliée » par le contrat qu'elle a signé avec eux en 1924. Depuis 1940, elle a fermé ses ateliers et n'a plus d'autres sources de revenus que les parfums. Pour faire valoir ses intérêts, elle fut prête à tout, y compris à utiliser les lois de l'occupant en sa faveur, car une ordonnance allemande déclare que les biens dont les administrateurs ont émigré se verraient imposer une nouvelle gestion. Or les Wertheimer ont non seulement émigré, mais ils sont juifs. La bataille entre eux fut sanglante, mais les Wertheimer ont des alliés précieux, et c'est Coco qui perd.

À la Libération, retrouvant le contrôle de ses biens, Pierre Wertheimer renoue avec Chanel et conclut finalement avec elle cet accord qui va faire d'elle une des femmes les plus riches du monde. Riche mais sans projet, au bord de sa vie, au bord de l'amour. L'amour justement ? La capitulation allemande du 8 mai 1945 a laissé définitivement le champ libre à son amant allemand. Certes, on les revoit tous les deux, en Suisse, mais aussi dans sa maison du Midi La Pausa, et parfois à Paris. Mais la passion n'y est plus. Et puis, Paris n'aime plus Coco. Le soupçon de collaboration lui colle à la peau. Loin de la célébrer comme jadis, on la fuit, elle est devenue *persona non grata*. L'avant-garde artistique et intellectuelle a changé de figure, elle s'est donné de nouveaux noms en la personne de

Sartre, Camus, Malraux..., qui ne sont pas vraiment ces gens de salon que fréquentait Coco jadis. Désamour, déréliction... Quelle triste vie désormais que la sienne ! Levée tard, lisant du bout des yeux, se promenant d'un pas méditatif tandis que son chauffeur roule au pas derrière elle. Sa liaison s'enlise, la rumeur dit que son amant la bat, qu'elle le bat, qu'ils se battent, mais ils se tiennent mutuellement, elle par son argent, lui par son silence. Les amis se font de plus en plus rares. Paul Morand, ex-ambassadeur du régime de Vichy, et donc exilé lui aussi à Berne, lui fait parfois l'honneur d'une petite visite. Mais Coco ne se reconnaît pas dans cette existence rétrécie, vide.

Il lui faut réagir si elle ne veut pas mourir à petit feu, il lui faut exister à nouveau, rappeler au monde qu'elle est toujours là et bien là. Alors il lui vient une idée : et si elle écrivait ses mémoires ? Autre chose que les conversations menées avec Paul Morand, qu'il consignera plus tard dans *L'Allure de Chanel* ! Non, ce qu'elle veut, c'est une vraie biographie qu'on écrirait pour elle, sur la base de ses souvenirs. Elle sait qu'elle a besoin d'une plume. Le hasard met sur son chemin Louise de Vilmorin. Mais la collaboration tournera court, tant Coco se livre à une construction fantasmatique de son passé et renâcle à dire la vérité. « Elle a essayé de faire écrire ses mémoires par Louise de Vilmorin, par Kessel, par moi, par Morand. Et toujours elle nous dictait un conte de fées, raconte Edmonde Charles-Roux. J'ai lancé une vaste enquête personnelle sur Chanel. Mais aussi longtemps que Coco vivait, je ne pouvais pas d'une main être reçue chez elle comme une amie, et de l'autre écrire un livre qui lui aurait déplu. » Edmonde Charles-Roux publiera en effet ses deux biographies de Chanel bien après la mort de celle-ci.

© Botti/Gamma

Coco habilla les stars à la ville comme
à l'écran. Ici en compagnie de Romy Schneider
qui lui fut présentée par Visconti.

© Suzy Parker/Vogue, Paris

1954, le retour. Après un exil de quatorze ans,
Chanel assiste à la présentation de sa toute nouvelle
collection de l'escalier légendaire du 31 rue Cambon.

# 10

« Dior ? Il n'habille pas les femmes, il les tapisse ! »

La mode non plus n'attend plus Coco. Rongeant son frein, c'est d'un palace de Saint-Moritz qu'elle assiste à l'irrésistible ascension d'un nouveau couturier : Christian Dior. Son style ? Le « *new look* » : tailles étranglées, jupes longues qui entravent à nouveau les femmes et les réinstallent dans ce statut de petites choses minaudantes contre lequel elle s'est tant battue. Tout sépare les deux créateurs, tant le *new look* de Dior est une contre-mode Chanel. Finies les tenues pratiques initiées par Chanel, voici le retour des tenues hyper-féminines et sophistiquées, nécessitant tout cet appareillage éroticco-sexy des gaines, guêpières, baleines, symboles pour elle de la soumission féminine au désir des hommes. Coco enrage, et se fend à l'égard de Dior d'une de ces phrases assassines dont elle a le secret :

« Dior ? Il n'habille pas les femmes, il les tapisse ! » Toujours est-il qu'on ne parle plus que de lui. Les années passent, Coco lutte contre l'étiolement qui la menace en venant de plus en plus souvent à Paris. Elle y vient notamment pour recueillir le dernier soupir de son amie Misia, aveugle et morphinomane. On raconte que la drogue lui était devenue tellement vitale que Misia se piquait en plein dîner en ville, à travers sa jupe. Si Coco avait espacé ses visites à Misia, c'est que sa déchéance lui était insupportable. Rien n'était plus important pour elle que de savoir rester digne, quoi qu'il arrive. Il n'en demeure pas moins qu'avec le départ de Misia, c'est un pan de sa vie qui s'en va. Elle entra dans la chambre mortuaire, habilla, coiffa Misia, la fit belle. Une manière de travestir la mort. Cette mort qui lui a déjà ravi des amis si chers : Dimitri, José-Maria Sert... et puis bientôt Westminster, en 1953.

5 février 1954. Du haut de l'escalier légendaire du 31 rue Cambon, assise entre les glaces qui reflètent ce qui se passe en bas, Coco assiste à sa première nouvelle collection. Elle a soixante-dix ans, « Mademoiselle » est de retour. Qui l'eût cru ? On l'avait presque oubliée. Erreur. Passée maître dans l'art des rebondissements, Coco trouve – comme toujours – dans le travail le seul moyen de se reconstruire psychiquement. Elle a décidé de relancer la machine mode. Elle pourrait se contenter de

la manne parfums, mais non, il lui en faut « toujours plus » ! Et puis ce besoin effréné d'occuper le terrain ! Chanel ne se sent exister qu'en « faisant » : la mode ne se fera pas sans elle. Estimant sans doute que l'économie française, ébranlée par l'effort de guerre, est redevenue assez solide pour assurer la rentabilité d'une industrie de luxe comme la mode, elle décide contre toute attente en 1954 de rouvrir sa maison. Il faut dire aussi que ses commanditaires comptent sur les répercussions positives de cette activité parallèle pour relancer la vente des parfums. Elle reprend donc ses ciseaux. Mais son défilé est une catastrophe : après quatorze ans d'absence, Chanel et sa collection reçoivent un accueil plus que glacial. Ce n'est, dans la presse française mais aussi anglaise, que déchaînement de haine et de méchanceté. Assis à côté d'elle, Michel Déon, qui n'est à l'époque qu'un jeune journaliste, l'observe du coin de l'œil : « Par moments, elle me sembla de fer. »

Pierre Wertheimer, inquiet du tour que prennent les choses et de répercussions fâcheuses sur la vente des parfums, vient aux nouvelles. Il la trouve fatiguée mais en pleine préparation de la... prochaine collection ! « Vous savez, je veux continuer... continuer et gagner. » Dure au travail, dure à la douleur, elle n'abandonnera pas la partie, même lorsqu'elle se retrouvera avec la main droite paralysée. Que répondre à une telle détermination, lui qui a toujours eu un petit faible pour Coco ? Certains diront même plus ! Elle eut beau le malmener, le provoquer, il ne lui en tiendra jamais rigueur. Alors elle continue à travailler d'arrache-pied. Elle croit en elle et elle a raison. Sur le plan de la mode au moins, elle va droit devant elle. Négligeant les balconnets, les guêpières, les formes bouffantes qui font le succès du style *new look*, elle impose de nouveau les robes près du corps, une silhouette androgyne au service de vêtements sobres et raffinés. La nouvelle femme Chanel porte un tailleur de tweed à motifs écossais, décoré de boutons-bijoux et orné d'une ganse de couleur contrastée, complété par une blouse de soie réalisée dans le tissu de la doublure, des chaussures bicolores à bouts rapportés et un sac matelassé à chaîne dorée. Cette tenue, qui inspirera de nombreuses copies, montre encore à quel point Chanel a su sentir les aspirations de son époque.

C'est à elle que les metteurs en scène de cinéma demandent à nouveau d'habiller leurs actrices : Jeanne Moreau dans *Les Amants* (1958) de Louis Malle, Delphine Seyrig dans *L'Année dernière à Marienbad* (1961) d'Alain Resnais, et Romy Schneider. Elle avait déjà eu l'idée d'habiller Michèle Morgan à l'écran dans *Quai des brumes* : le fameux imperméable, c'est elle. Il lui faudra néanmoins un an pour retrouver sa splendeur passée et la confiance des clientes. Mais ce sont d'abord les

acheteuses américaines qui lui apportent leur soutien. Le magazine *Life* écrit après sa troisième collection : « À soixante et onze ans, Gabrielle Chanel
apporte mieux qu'une mode, une révolution. » Le
« Chanel-look » menace sérieusement le *new look* de
Dior : cela vient du fait qu'une fois de plus Chanel
habille des femmes qui sont dans la vraie vie, qui
marchent, qui bougent, qui s'activent. C'est que
« la rue m'intéresse plus que les salons », dit-elle.
Ses vêtements, simples mais justes, deviennent
l'uniforme préféré des femmes riches et modernes,
dont Jackie Kennedy. En novembre 1963, le président des États-Unis s'écroule dans les bras de sa
femme. La photo de son tailleur rose maculé du
sang de son mari fera le tour du monde et contri-
buera encore un peu plus au renom de Chanel. Il
paraît que lors d'un dîner à l'Élysée, le président
Pompidou se penche vers elle et lui glisse à
l'oreille : « Je suis rassuré quand ma femme s'habille chez vous ! »

Mais quel stress, la présentation d'une collection ! « Si vous saviez l'affreux trac qui m'envahit,
confia-t-elle. Le jour de la présentation, je dîne rue
Cambon, je prends un Noripin, puis je m'assieds
sur les escaliers. Après cela, je ne sais plus où je suis,
mes nerfs lâchent. » Il faut dire que chaque collection est une véritable épreuve physique, aussi bien
pour Coco que pour les tailleurs, les premières
d'atelier et bien sûr les mannequins. C'est tout

127

l'immeuble Chanel, tous les ateliers, les centaines d'employés qui sont suspendus à ses doigts, à sa voix. Ne sachant pas dessiner, elle a une manière très personnelle de concevoir le processus créateur. Elle décrit ce qu'elle veut à ses coupeuses. Et c'est une fois sur le mannequin qu'elle se met au travail, sculptant littéralement le vêtement sur son corps, avec son éternelle paire de ciseaux suspendue au cou : elle découpe, pince, épingle, renvoie le vêtement puis recommence, vingt, trente fois. Jusqu'à n'y plus rien voir. Jeanne Moreau se souvient d'un de ces essayages mémorables : « J'ai porté longtemps les traces de ses doigts et des épingles sur mon corps. » Les mannequins tombent de fatigue, mais elles endurent, sachant que Chanel, de toute façon, n'entendra pas leurs protestations. Parce que Chanel, en état de création, n'entend plus personne, et surtout pas sa propre fatigue, pour ne pas dire son épuisement ; elle est capable de tenir huit à neuf heures d'affilée sans boire, sans manger, sans même s'asseoir. Un de ses mannequins, qui travailla plus tard pour d'autres couturiers, se souvient néanmoins du plaisir qu'elle avait à prêter son corps à l'inspiration créatrice de Chanel : « La robe était conçue sur nous, modelée d'après nos réflexes et les mouvements de notre corps. Nous pouvions presque sentir la fusion entre notre peau et le tissu. Je n'ai plus jamais eu cette impression. »

En février 1959, alors qu'elle est à l'apogée de sa gloire, la très célèbre émission de reportages *Cinq colonnes à la une* lui consacre un numéro spécial. Pierre Dumayet lui demande : « Parlez-nous d'élégance. » La caméra la fixe. Petite, nerveuse, sèche, elle ne tient pas en place, se gratte l'oreille, lui dit d'un ton caustique qu'il pose des questions bien difficiles, et enfin se jette à l'eau : « Une définition de l'élégance ? Les femmes sont toujours trop habillées, mais jamais assez élégantes. » Elle vient de définir son style. Copié, plagié, le style de Chanel sera plus qu'une mode : un phénomène. Mais comment va-t-elle réagir lorsque 1968 la surprend elle aussi ? Cette fois, ce n'est plus le corset contre lequel elle doit se battre, mais la minijupe, cette invention démente qui découvre les genoux. « Les genoux, c'est affreux, c'est violet, il faut les cacher », lance-t-elle à ceux qui lui conseillent de raccourcir. Et d'ajouter pour bien signifier que les mots d'ordre, c'est elle et elle seule qui les donne : « Les modes sont bonnes quand elles descendent dans la rue, mais pas quand elles en viennent. »

Petite femme maigre dans son tailleur impeccable, avec ses colliers de perles, son canotier éternellement vissé sur sa tête, cigarette à la bouche, regard amer sur le monde, mordante et despote, elle va consacrer les dernières années de sa vie au travail. « Rien ne me fatigue plus que de me reposer », se plaisait-elle à dire. Alors elle travaille tout le jour durant, et c'est seulement vers deux à trois heures du matin qu'on la raccompagne au Ritz, pour une nuit qui sera comme toutes les nuits, agitée, difficile, avec des crises d'angoisse et de somnambulisme qui ne pourront être vaincues que par une injection de morphine. « Furieuse et droite comme un capitaine sur le pont d'un vaisseau qui sombre », écrira Françoise Giroud dans *L'Express*.

Coco va ainsi partager sa vie entre travail et solitude. Elle est désespérément seule, malgré la cour qui gravite autour d'elle, et tellement lucide. Les uns sont là pour « tirer de mes paroles un article », les autres « parce qu'ils mangent mieux ici », et « il y a enfin et surtout ceux qui ont quelque chose à me demander. Ce sont les plus assidus. De l'argent... Toujours de l'argent », avouera-t-elle.

De l'argent, elle en a. Beaucoup... Gloire et reconnaissance, aussi. Mais qui ne parviendront pourtant jamais à effacer les blessures inguérissables des échecs, désespoirs et désillusions de sa vie amoureuse. Jusqu'à ce jour du 10 janvier 1971, après une promenade au champ de courses de Longchamp, dans sa chambre du Ritz. C'est un dimanche, ce jour qu'elle déteste par-dessus tout, tant il lui rappelle la souffrance solitaire de la petite orpheline d'Obazine, et tant il incarne le bonheur familial qu'elle n'a jamais connu. Elle se sent fatiguée, se couche. Elle devine que « la comédie »

touche à sa fin et murmure dans un dernier souffle :
« C'est comme cela qu'on meurt. »

Sur sa tombe, au cimetière de Lausanne, cinq têtes de lions sont sculptées. Cinq, son chiffre fétiche. Lion, son signe astrologique. Comme une métaphore de sa grandeur passée et de son insondable mystère.

# Bibliographie

Remerciements à l'hôtel Ritz et aux auteurs dont les travaux et recherches sur Coco Chanel m'ont éclairée pour la rédaction de cette biographie :

Edmonde Charles-Roux, *L'Irrégulière ou mon itinéraire Chanel*, Paris, Grasset, 1974.

Edmonde Charles-Roux, *Le Temps Chanel*, Paris, La Martinière-Grasset, 2004.

Isabelle Fiemeyer, *Coco Chanel. Un parfum de mystère*, Paris, Petite bibilothèque Payot, 2004.

Pierre Galante, *Les Années Chanel*, Paris, Mercure de France, 1972.

Henry Gidcl, *Coco Chanel*, Paris, J'ai lu, 2004.

Marcel Haedrich, *Coco Chanel secrète*, Paris, Laffont, 1971.

Paul Morand, *L'Allure de Chanel*, Paris, Hermann, 1976 ; nouvelle édition, illustrations de Karl Lagerfeld, 1996.

Paul Morand, *Venises*, Paris, Gallimard, 1971, 1997.

Maurice Sachs, *Au temps du Bœuf sur le toit*, Paris, Grasset, 1989, 2005.

Et aussi :

Colette, *Prisons et Paradis*, Paris, Fayard, 1986.

Georges Duby et Michelle Perrot, *Histoire des femmes en Occident, le XX$^e$ siècle*, sous la direction de Françoise Thébaud, Paris, Plon, 1992.

Jean-Paul Enthoven, *La Dernière Femme*, Paris, Grasset, 2006.

Documents audio-visuels :

« Coco Chanel N° 1 », *Cinq Colonnes à la Une*, 6 février 1959, présenté par Pierre Dumayet.

« Gabrielle Chanel, la permanence d'un style », France 2, 2001, documentaire de Pierre Bouteiller.

« Signé Chanel », un film de Loïc Prigent, Arte Vidéo.

« Chanel : la vie comme un roman. Coco, Karl et les autres », Arte.

DANS LA MÊME COLLECTION

Bernadette Costa-Prades, *Simone de Beauvoir*, 2006.
Sophie Guillou, *Romy Schneider*, 2006.
Guillemette de la Borie, *Indira Gandhi*, 2006.

Composition réalisée par NORD COMPO

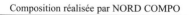

*Achevé d'imprimer en janvier 2007*
*par l'imprimerie Darantiere à Dijon-Quetigny*
*Imprimé en France*
Dépôt légal : janvier 2007
N° d'impression : 27-0047